MONDO ECONOMICO 5

IL TEMPO DELLE SCELTE

Romano Prodi

IL TEMPO DELLE SCELTE

Lezioni di economia

Con la collaborazione di
Lorenza Badiello
Daniele De Giovanni
Franco Mosconi

Prefazione di
Gianni Locatelli

Il Sole 24 ORE
Libri

LE TEMATICHE ECONOMICO-FINANZIARIE

sulle pagine de
"Il Sole 24 Ore", "Guida Normativa", "Mondo Economico", "L'Impresa", "L'Impresa Ambiente" e "Informatica Pubblica"

Diffondere la cultura e i valori della libera impresa è la missione che il Gruppo Editoriale Il Sole 24 Ore si è dato nel panorama dell'economia italiana e internazionale.
Il quotidiano "Il Sole 24 Ore" attraverso una storia più che centennale è divenuto strumento di lavoro indispensabile per chiunque voglia approfondire le proprie conoscenze sia nell'ambito delle libere professioni che in quello aziendale, così come in tutte quelle attività collegate al sistema finanziario, industriale, commerciale e produttivo.
Il Gruppo Editoriale Il Sole 24 Ore pubblica la "Guida Normativa", quotidiano di documentazione tributaria e del lavoro; il settimanale "Mondo Economico", che offre riflessioni sull'economia italiana e internazionale, sulla finanza e sul marketing; "L'Impresa", mensile di cultura economica; "L'Impresa Ambiente", che affronta il rapporto tra attività economica in senso lato e ambiente; "Informatica Pubblica", rivista bimestrale che segue l'introduzione e lo sviluppo della standardizzazione informatica della Pubblica Amministrazione.

ISBN 88-7187-236-3

Sede legale: via Lomazzo 52, 20154 Milano
Redazione e amministrazione: via Parabiago 19, 20151 Milano

Redazione: Claudia Ulivieri

Prima edizione: novembre 1992

Sommario

Prefazione

di Gianni Locatelli

Questo *Tempo delle scelte* è innanzitutto una scelta. La scelta di resistere alla corrente della disinformazione spettacolo arrampicandosi sull'argine saldo dell'informazione che è frutto di conoscenza, che è fatica di riflessione, che è sforzo di documentazione: una informazione insomma che non rinuncia a usare le spettacolari capacità del medium televisivo ma le usa per trasmettere conoscenza, invitare alla riflessione, fornire documentazione.

Che questo modo di fare televisione non sia oggi di moda è evidente, come lo è il fatto che non sia questo il modo più facile per attirare masse di telespettatori e fare impazzire i sismografi dell'auditel. Tuttavia, negli angoli più trascurati della grande platea del pubblico televisivo esistono certamente dei sopravvissuti che, accendendo il televisore, conservano ancora la speranza di apprendere qualcosa, di essere invitati a riflettere senza urli né insulti, di vedere immagini non consuete.

Per questi sopravvissuti è stato pensato *Il tempo delle scelte* e la risposta (ma non per chi l'aveva pensato) è stata sorprendente: di sopravvissuti del genere ce ne sono ancora molti e ancora di più se ne sarebbero contati se il messaggio di novità fosse stato più alto e più diffuso. Soprattutto ha sorpreso (ma non chi aveva preparato la sorpresa) l'attenzione con cui *Il tempo delle scelte* è stato seguito e apprezzato. Qualche tempo fa si sarebbe detto che è un "segno dei tempi". Che in questi tempi segnati da una massa sgangherata di segnali acquista maggior significato. Come un s.o.s. proveniente dal fondo del teleoceano inquinato dalla telespazzatura dei palinsesti e sconvolto dalla televiolenza dei programmi. Non raccogliere s.o.s. come questi sarebbe non solo la fine per i naufraghi ma potrebbe anche essere la fine per la televisione.

Per questo è importante che *Il tempo delle scelte* non rimanga un episodio isolato ma diventi una scelta: dapprima anche rischiosa, ma poi sicuramente produttiva di consenso e di critica. Come per tutte le forme di comunicazione per una società di massa, solo la frequenza attira l'attenzione e attiva quel circuito virtuoso produttore-consumatore che è la condizione essenziale perché entrambi migliorino in qualità e capacità critica.

Illusione? Forse. E comunque migliore dell'illusione che non sia arrivato, anche per la televisione, il tempo delle scelte.

Premessa

Perché alcuni Paesi diventano ricchi e altri non riescono a diventarlo? In altri termini, perché c'è chi prende il treno della storia e c'è chi lo perde?

Sono questi alcuni interrogativi che ci portiamo dietro dalla nascita: è a questi che cercheremo di dare risposta in questo nostro «viaggio» nell'economia contemporanea.

Rifletteremo su questi problemi, analizzando sei diversi temi, interrogandoci e dandoci delle risposte: risposte che sono da un lato complesse, in quanto lo sviluppo economico lega insieme le strutture economiche, quelle tecnologiche, quelle politiche e tutta l'organizzazione della società. Sotto un altro aspetto, però, si tratta di risposte semplici, perché le ricette per lo sviluppo sono composte da due ingredienti essenziali che io chiamo, con parole facili, il cervello e la solidarietà.

Cervello vuol dire che lo sviluppo è legato all'uomo. L'uomo (e non le risorse naturali, non l'oro, non la terra, non le miniere di carbone) è responsabile dello sviluppo di un Paese. Il secondo ingrediente, la solidarietà, vuol dire che vanno avanti solo i Paesi che sanno cantare in coro, cioè quelli che sanno mettere insieme le forze per uno scopo comune.

I sei argomenti sui quali rifletteremo riguardano sei temi legati fra loro. Analizzeremo in primo luogo l'agricoltura, le risorse naturali e l'alimentazione, ambiti nei quali l'umanità ha realizzato una vera e propria *Moltiplicazione dei pani... ma non per tutti*. Poi discuteremo dell'industria. Con il capitolo *La macchina che ha cambiato il mondo* tratteremo dell'industria dell'automobile, non perché l'automobile sia qualcosa di speciale, ma perché ha dato in un certo senso sostanza e immagine a tutta l'industria del mondo. Nel terzo capitolo l'analisi si concentrerà sulle reti e sulle comunicazioni che legano le città come le fabbriche in un sistema economico moderno. Il titolo è affascinante: *Crescere è comunicare*, cioè è avere rapporti complessi. Il quarto capitolo riguarda *L'uomo e il gioco di squadra*, cioè principalmente la scuola e i modi con cui si impara a interagire con gli altri. Quindi, l'analisi si sposterà sul tema dei rapporti tra *Stato e mercato*: il mercato è l'insieme dei giocatori, lo Stato è l'arbitro della partita. Infine giungeremo ad una riflessione sulla *Nuova Europa* e cercheremo di capire se c'è in essa un posto per la nostra Italia.

Questo libro nasce dal ciclo di trasmissioni *Il tempo delle scelte* andato in onda in sei puntate su Raiuno nel maggio e giugno 1992.

Esso è quindi frutto di un lavoro collettivo di cui sono profondamente grato a chi vi ha preso parte.

Ringrazio perciò prima di tutto i miei collaboratori di Nomisma e dell'Università di Bologna; in particolare Lorenza Badiello, Alessandra Carra, Paolo De Castro, Daniele De Giovanni, Roberto Della Casa, Daniela Flamini, Franco Mosconi, Giovanni Pecci e Tiziana Tibaldi per il grande aiuto prestato; che ha trasformato questo lavoro in un vero e proprio gioco di squadra.

Ringrazio Innocenzo Cipolletta, direttore generale della Confindustria, per il suo contributo scientifico.

Essenziale è stata inoltre la collaborazione con la Rai, il gruppo Tape-On e Il Sole 24 Ore. Ringrazio quindi Tiziana Aristarco, Caterina Barenghi, Carlo Fuscagni, Paolo Giaccio, Brando Giordani, Flavio Giurato, Floriana Mastrandrea, Carlo Orichuia, Manuela Scifoni, Elisabetta Sisti, Lorenzo Vecchione della Rai; Marco Godano, Stefano Godano e Piero de Stefani del gruppo Tape-On; Gianni Locatelli, Aldo Carboni, Giovanni D'Alessandro, Letizia Mazzi, Alessandro Pegoraro e Michele Riva del Sole 24 Ore.

Ringrazio infine mia moglie Flavia per la lettura e i consigli sempre attenti ai difficili rapporti fra economia e solidarietà, rapporti che erano il filo conduttore di questa trasmissione.

R.P.

Bologna, ottobre 1992

1.
La moltiplicazione dei pani... ma non per tutti

In questo primo capitolo proveremo a rispondere a delle domande che ci poniamo tutti i giorni e che riguardano l'agricoltura e il cibo. La prima domanda è: perché potenzialmente c'è cibo per tutti eppure c'è tanta gente che muore di fame? La seconda domanda è: perché alcuni Paesi sono riusciti a raggiungere l'autosufficienza e altri no? E poi; l'Europa e l'Italia riusciranno a fare concorrenza all'agricoltura degli Stati Uniti o dell'America Latina? E la nostra Italia riuscirà a fare concorrenza alle grandi pianure del Nord Europa? Un'altra domanda: perché, con tutta questa gente che muore di fame, noi buttiamo via arance, distruggiamo pomodori, oppure vendiamo a prezzi bassissimi burro, carne o altri prodotti alimentari? Ecco, queste sono domande semplici che esigono una risposta altrettanto semplice.

Da uno avrete cento

Cominciamo dalla storia. Pochi secoli fa, quando da un chicco di grano seminato ne nascevano quattro era l'anno dell'abbondanza, quando ne nascevano due era l'anno della carestia.

Oggi abbiamo degli ibridi di mais con cui da un chicco

seminato ne raccogliamo centoventi e da un chicco di frumento cinquanta o sessanta.

Pensiamo alla parabola evangelica, «da uno avrete cento», che era detta così, quasi fosse un paradosso, un miracolo: eppure, con l'agricoltura noi ci stiamo davvero avvicinando a realizzare questo miracolo. Non è affatto necessario guardare lontano per rendercene conto. Prendiamo ad esempio l'Italia.

Nel 1930 un ettaro di campo seminato a frumento rendeva in media venticinque quintali di grano con quasi cinquecento ore di lavoro. Oggi otteniamo sessanta quintali, (e non più venticinque) con solo trenta ore di lavoro. Da cinquecento ore siamo passati a trenta, da venticinque quintali siamo passati a sessanta. Io credo che veramente non ci sia al mondo nessuna attività che abbia avuto uno sviluppo tecnologico come quello che ha conosciuto l'agricoltura.

Siamo comunemente abituati a considerare l'agricoltura come una «cenerentola» e ci accorgiamo, invece, che è uno dei settori dell'economia più capace di progressi e di miracoli tra tutte le strutture produttive che l'umanità ha costruito. Se andassimo a vedere cosa costerebbe produrre oggi un quintale di grano con la produttività del 1930, ci accorgeremmo che costerebbe tra le centocinque e le centoquindicimila lire. Il prezzo CEE di oggi è invece di circa trentatremila lire al quintale. Se per esempio prendiamo il giornale per vedere cosa costa oggi il grano al mercato di Chicago, cioè nel mercato internazionale, scopriamo che non supera le quindicimila lire. Quindi, evidentemente, il progresso tecnologico si è trasformato in un grande vantaggio per tutta l'umanità che, oggi, ha cibo ad un costo molto inferiore rispetto a quello di poche generazioni fa. Ma perché questa moltiplicazione? Come è avvenuta? La spiegazione è abbastanza complessa se ne vogliamo cogliere tutti gli aspetti; se invece ci accontentiamo di capire le tappe principali della storia, anche in questo caso la moltiplicazione è semplicissima. È certamente vero che tramite le bonifiche si è andata ampliando un po' dappertutto la superficie coltivabile, ma la grande rivoluzione è stata ed è il produrre di più per ogni unità di terra.

A questo progresso hanno contribuito tre diverse rivoluzioni. C'è stata, anzitutto, una rivoluzione meccanica (pensiamo agli aratri); c'è stata poi una rivoluzione chimica (pensiamo ai fertilizzanti e agli antiparassitari, anche se adesso, ovviamente, dobbiamo fare i conti con la necessità di non turbare l'ambiente, e quindi c'è una nuova ricomposizione del rapporto fra l'agricoltura e la chimica). La terza rivoluzione, infine, è quella biologica (la nuova genetica, i nuovi semi, la genetica delle piante e quella animale).

Queste rivoluzioni hanno prodotto il miracolo di cui abbiamo parlato. Non crediamo, però, che siano avvenute in tutto il mondo. Vi sono alcuni Paesi, forse metà del mondo, che continuano a coltivare come nel primo secolo dopo Cristo, quando fu scritto il trattato di Columella sull'agricoltura che è stato sostanzialmente, fino a pochi secoli fa, il testo su cui si sono formati tutti gli agricoltori del mondo.

Basterebbe visitare alcuni Paesi, purtroppo ancora numerosi in Africa o in altre aree in via di sviluppo, in cui l'agricoltura viene portata avanti con tecniche molto rudimentali, che certamente non sono passate attraverso le tre rivoluzioni sopra descritte.

Quando abbiamo un'agricoltura così semplice, il numero degli addetti all'agricoltura sul totale della popolazione è elevatissimo. Quando l'agricoltura è progredita gli addetti sono invece pochi. È sufficiente vedere quanti sono oggi gli addetti all'agricoltura nei diversi continenti. Negli Stati Uniti, cioè nel Paese che è il più grande esportatore agricolo del mondo, solo il 2,7% della popolazione lavora nell'agricoltura: ecco cosa significano efficienza e organizzazione moderna. In Europa occidentale siamo al 6,5% circa. Ciò significa che nel Nord Europa siamo già al livello degli Stati Uniti e nel Sud (Grecia, Italia meridionale, Spagna e Portogallo) siamo invece oltre il 15%. In America Latina siamo al 26%, in Estremo Oriente al 57%. In Africa oltre il 60% della popolazione è ancora dedita all'agricoltura. In tutto il mondo, quindi, meno numerosi sono gli addetti all'agricoltura, più questa è efficiente: c'è una specie di correlazione inversa tra il progresso tecnologico in agricoltura e il numero degli addetti. È interessante, inoltre, sempre per fare confronti con il passato, il fatto che vi sia oggi, in Africa e in America Latina, una percentuale di addetti all'agricoltura simile a quella che si aveva in Europa (51%) alla fine del secolo scorso, e a quella che si aveva in Italia agli inizi degli anni Cinquanta. Anche nel

ADDETTI ALL'AGRICOLTURA SUL TOTALE DELLA POPOLAZIONE OCCUPATA
(valori percentuali)

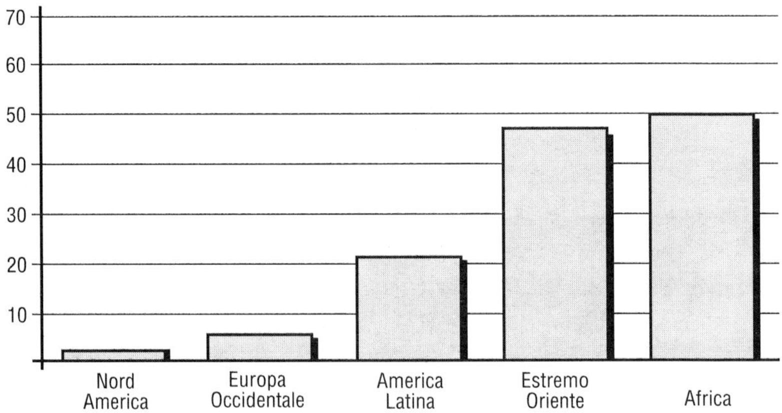

Fonte: Osservatorio Agroindustriale, Nomisma, 1992

Terzo Mondo, però ci sono differenze importanti tra Paese e Paese: in molti casi proprio nel Terzo Mondo si sono verificati in agricoltura dei progressi miracolosi. Pochi di noi sanno, ad esempio, che esportano riso l'India e la Cina, cioè i simboli dei Paesi che avevano problemi alimentari e che ancora oggi soffrono di carestie e di mancanza di cibo, non perché non ne producano abbastanza, ma perché la struttura della distribuzione interna non è né moderna né giusta. Ci sono quindi persone che muoiono di fame anche quando ci sarebbe cibo sufficiente per sfamarle: o perché non hanno un reddito sufficiente ad acquistarlo, oppure perché in momenti di crisi, di inondazioni o di tensioni non c'è un sistema distributivo efficiente per arrivare fino a loro. Tenuto conto di questo, dobbiamo dire che l'agricoltura mondiale oggi è sostanzialmente in grado di sfamare tutti gli abitanti del mondo: potenzialmente, data la tecnologia che abbiamo descritto prima, vi sono risorse per tutti.

Per avere un quadro visto da una sede più appropriata, abbiamo chiesto al capo economista della Banca Mondiale, il professor Lawrence Summers, di aggiornarci sull'azione di questo organismo internazionale e sui risultati che tale azione ha avuto. La Banca Mondiale è proprio l'istituzione, a cui partecipano quasi tutti i Paesi del mondo, dedicata all'assistenza tecnica per i Paesi del Terzo Mondo.

Il professor Summers ricorda come l'Occidente stia cercando di aiutare i Paesi in via di sviluppo che non hanno avuto risultati soddisfacenti, specialmente l'Africa. «Molti Paesi» spiega «si sono infatti impegnati a cambiare le cose e hanno avuto buoni risultati; altri hanno avuto risultati molto insoddisfacenti. Anche nei casi in cui i risultati sono stati buoni, il tenore di vita è comunque cresciuto lentamente. Abbiamo imparato che i processi di riforma hanno bisogno di molto tempo e sono quindi difficili da apprezzare, soprattutto nei Paesi più poveri. Non basta l'austerity, non basta la riduzione dei prezzi, non basta aumentare le tasse. È necessario che i governi gettino le fondamenta della crescita economica con gli investimenti e le infrastrutture. Non c'è aiuto che tenga per i contadini se mancano le strade per permettere loro di vendere i prodotti. I governi devono utilizzare gli aiuti internazionali per aiutare la gente ad avviare attività economiche in modo efficiente. La crescita si ottiene facendo giusti investimenti per la gente comune; ma occorre arrivare a tutti. Se i bambini continuano a crescere mal nutriti, con quozienti di intelligenza inferiori alla media e senza sufficiente forza fisica, non ci sarà crescita economica anche se i bilanci pubblici saranno in equilibrio».

Dalle parole del professor Summers emerge chiaramente che l'aiuto economico internazionale è importante, ma ancora una volta il cuore dello sviluppo risiede nei popoli stessi e nella capacità e nell'onestà dei loro governanti.

Ogni anno la Banca Mondiale pubblica un rapporto sullo stato del mondo, un rapporto splendido che dà un quadro a volte spietato, ma sempre di grande approfondimento. Ebbene, dal rapporto 1991 emerge qualcosa di molto interessante: i Paesi che si stanno sviluppando di più non sono necessariamente quelli che ricevono la maggior quantità di aiuti.

Abbiamo Paesi che hanno avuto enormi quantità di aiuti e che non hanno progredito e Paesi, invece, che sono stati aiutati meno e che si sono mossi molto velocemente; anche in questo caso l'Asia ha fatto progressi maggiori o ha raggiunto risultati superiori a quelli degli altri continenti. Però il cibo non è sufficiente.

Perché? Perché il produrre cibo, il produrre derrate agricole non basta a far sì che l'umanità possa mangiare. Si apre un altro grande capitolo: i prodotti agricoli devono essere lavorati e trasportati perché possano arrivare alla gente che ne ha bisogno. Sembrerebbe un'osservazione ovvia, ma questo è un problema di importanza enorme.

La catena del freddo

Come abbiamo visto i prodotti agricoli debbono essere lavorati, trasformati e portati fino alle case dei consumatori; l'industria automatica e la catena di montaggio sono nate, a ben guardare, proprio per trasformare i prodotti agricoli. Potremmo anzi parlare di «catena di smontaggio», perché la prima catena di montaggio era rappresentata dallo smontaggio dei bovini nei grandi macelli di Chicago per poter rifornire questa enorme metropoli. È necessaria quindi questa trasformazione ed è necessaria un'altra fase di lavorazione: la catena del freddo. Questa rende possibile il trasporto del cibo in ogni parte del mondo. Con la catena del freddo non vi è più, potenzialmente, alcun posto al mondo dove non possa arrivare qualunque tipo di cibo. Finisce così il problema delle stagioni e della lontananza dal luogo di produzione. Il cibo può essere dapprima lavorato, poi conservato per molti mesi (o addirittura per anni) e infine consumato in luoghi anche lontani. È a questa moderna organizzazione dell'agricoltura e della cosiddetta "catena alimentare" che si deve l'enorme aumento della quantità di cibo prodotto e disponibile sul mercato.

Tutti i paesi sviluppati hanno raggiunto un elevato livello di tecnologia nel trasporto e nella conservazione dei prodotti alimentari. A questa regola fa eccezione l'ex Unione Sovietica.

Risulta dalle statistiche che quest'ultima ha una produzione agricola pro capite più elevata della nostra. Eppure ha bisogno di importare cibo continuamente, ha scarsità di cibo. Perché?

Qui affrontiamo il discorso degli sprechi causati da una insufficiente organizzazione. Si calcola che nei territori dell'ex Unione Sovietica il 10% del raccolto vada sprecato durante il raccolto stesso, e il 30% marcisca per la mancanza di strutture di conservazione in silos moderni. L'industria della trasformazione è inoltre molto inefficiente. Facciamo ora alcuni semplici esempi di questa inefficienza. Per avere un chilo di carne di pollo in Italia occorrono due chilogrammi circa di mangime; in Russia, secondo le statistiche ufficiali, occorrono più di quattro chili di mangime. Detto tra parentesi, è abbastanza interessante riflettere anche sul fatto che il pollo è l'animale più capace di risolvere i problemi delle proteine nel mondo, perché occorre poco mangime per produrre un chilo di carne, mentre ne occorre molto di più per un chilo di carne di maiale ed ancora di più per un chilo di carne bovina.

Inoltre, riguardo al pollo, non ci sono proibizioni religiose. Il pollo va bene per musulmani, ebrei, indù, cattolici: è una specie di potenziale amico dello sviluppo economico e quindi della soluzione dei problemi della fame!

La politica agricola comunitaria: la «grande mucca»

Abbiamo visto il quadro del mondo. Torniamo in casa nostra. Casa nostra non è l'Italia soltanto, ma l'Europa. Cerchiamo perciò di analizzare la politica della Comunità europea, di cui la politica agricola è il capitolo più importante.

Quasi due terzi di tutto il bilancio comunitario sono sempre stati destinati a sostegno dei prezzi dei prodotti agricoli, ai sussidi agli agricoltori, cioè quella che chiamiamo la Politica Agricola Comune (PAC). Anche dopo l'aumento dell'impegno della CEE nella politica sociale, nella politica industriale e nella ricerca, le risorse impiegate nell'agricoltura sono state per lungo tempo pari ai due terzi del bilancio comunitario, e ammontano ancora oggi al 51% circa.

Tutto il resto del bilancio europeo, tutto il resto delle spese – cioè politica della ricerca, politica regionale, politica sociale, politica dei trasporti ecc. – assorbe solo una minoranza delle risorse complessive. Si potrebbe dire scherzosamente che la CEE è oggi come una «grande mucca», perché tutto è agricoltura. Naturalmente qui nascono i problemi, perché gli agricoltori in Europa non sono tutti uguali; si va dai piccoli agricoltori delle colline portoghesi a quelli del nostro Mezzogiorno ai grandi agricoltori della Francia e delle pianure inglesi. La politica agricola che la Comunità è venuta applicando negli ultimi trent'anni ha risolto molti problemi, ma ne ha anche creati di grandissimi, e tuttora fa sì che i prezzi siano più elevati di quelli riscontrabili sui mercati mondiali. Si ricordi l'esempio che abbiamo fatto riguardo al grano, con costi altissimi per il bilancio della Comunità europea.

Vediamo alcuni esempi, che possono sembrare assurdi, ma appartengono alla vita reale della Comunità europea.

Abbiamo alcuni Paesi, ad esempio l'Irlanda, in cui esistono delle aziende agricole che non hanno mai portato nessun bene al mercato.

Si costruisce una stalla, si produce del latte, non si trova mercato localmente perché la fattoria non è vicino a una grande città o perché il formaggio locale non ha nessuna caratteristica speciale. Allora viene chiesto alla Comunità europea il permesso di trasformare quel latte in latte in polvere. La Comunità europea paga, il latte in polvere si accumula e si riempiono i silos. A questo punto la cooperativa irlandese chiede alla Comunità europea il permesso di usare il latte in polvere come cibo per le mucche. Le mucche mangiano il latte in polvere, producono altro latte che diventa latte in polvere e si innesca questa incredibile macchina infernale che viene mantenuta dai sussidi del contribuente europeo.

Ma perché è accaduto tutto questo? Non è solo follia: e cercheremo di spiegarlo con semplicità. Quando si prendono decisioni così importanti come quelle della politica agricola della Comunità europea ciò avviene sempre sotto la spinta di problemi e di interessi. In questo caso la situazione è questa: nei primi anni della Comunità, l'Europa aveva scarsità di cibo. Prevaleva perciò l'obiettivo di incrementare la produzione alimentare. Per aiutare i contadini, che erano allora la classe certamente più debole di tutta la Comunità europea, si avevano due alternative, derivanti da due diverse scuole di pensiero: chiamiamole la «scuola inglese» e la «scuola francese», per semplificare. Gli inglesi non erano ancora membri della CEE quindi non erano abbastanza forti per sostenere la loro tesi. Gli inglesi aiutavano la loro agricoltura proteggendo il contadino, garantendogli un reddito minimo. Se ad esempio il contadino alla fine dell'anno aveva prodotto per dieci milioni, e il reddito minimo garantito era quindici, lo Stato dava al contadino i cinque milioni che gli mancavano. Il punto di vista francese era completamente diverso.

La Francia aveva un'agricoltura molto efficiente: non voleva proteggere il reddito del contadino più povero, vo-

LA POLITICA AGRICOLA COMUNITARIA

Sostegno dei prezzi (anziché dei redditi).
Conseguenze:

1. Ha spinto sempre più in alto la quantità prodotta (più un agricoltore produce, più guadagna).
2. Ha favorito i contadini che producono di più cioè i più grandi (e non sempre i più efficienti).
3. I prezzi, in molti casi, sono anche tre volte superiori rispetto a quelli del resto del mondo (di conseguenza chiusura verso l'esterno).
4. La comunità da produttore in deficit è diventato produttore in eccesso.
5. La Cee spende somme sempre più ingenti per pagare ai contadini le differenze fra gli (alti) prezzi garantiti e quelli di mercato.
6. E ancora: la Cee spende somme ancora più grandi per tenere all'ammasso, per anni, questi prodotti.

leva che il contadino producesse sempre di più. Qualunque fosse l'entità della produzione, al contadino veniva garantito per il suo grano un prezzo più elevato del prezzo mondiale. Come abbiamo visto prima, nell'esempio, non le quindicimila lire del mercato internazionale, ma trentatremila lire. La politica francese è diventata dominante in tutta la CEE ed abbiamo perciò adottato prezzi estremamente alti per i prodotti agricoli. Questo ha avuto alcune conseguenze positive ed altre negative. Proviamo a elencare in modo semplice queste conseguenze per comprendere meglio il quadro. *Prima conseguenza*: gli alti prezzi dei prodotti agricoli hanno spinto sempre più in alto la quantità prodotta; un contadino più produce e più guadagna, e ha sempre interesse a produrre il massimo possibile. *Seconda conseguenza*: questo sistema ha favorito i contadini che producevano di più, cioè i contadini più ricchi. *Terzo*: i prezzi di mercato sono stati anche tre volte superiori, come abbiamo visto nei nostri esempi, rispetto a quelli del resto del mondo. Di conseguenza l'Europa si è chiusa di fronte alle importazioni dei prodotti agricoli dal Terzo Mondo, soprattutto dall'America Latina. *Quarto* (questa è una conseguenza indubbiamente positiva, almeno fino a un certo punto): la Comunità da deficitaria è diventata produttrice eccedentaria di prodotti agricoli. Ma con il crescere delle eccedenze, si sono cominciate ad ammassare quelle scorte che diventeranno successivamente un problema. *Quinto*: la CEE ha cominciato a spendere somme sempre più ingenti per pagare ai contadini le differenze fra gli alti prezzi garantiti dalla Comunità europea ed i prezzi internazionali più bassi. *Sesta* e ultima conseguenza: la CEE spende somme ancora più grandi per tenere all'ammasso, per conservare, anche per anni e anni, tutti questi beni che poi vengono ceduti a basso prezzo o alla Russia, o all'Egitto, o ad altri Paesi che hanno bisogno di cibo. Per rendere possibile tutto ciò sono stati costruiti in tutta Europa enormi magazzini che conservano il cibo della Comunità. Si tratta di enormi edifici, molto spesso dei giganteschi frigoriferi, nei quali si conservano grano, carne e zucchero in attesa che questi beni possano venire utilizzati, venduti, riciclati, regalati o addirittura distrutti.

Con questa politica autarchica la CEE si è inoltre alienata la simpatia di molti Paesi del Terzo Mondo, perché ha impedito loro di esportare i prodotti agricoli che sono la loro risorsa fondamentale. Ricordo sempre un'intervista di Raul Alfonsín, quando era presidente dell'Argentina, che diceva con la massima chiarezza: «Noi possiamo esportare in Europa solo le cose che non siamo in grado di produrre, perché tutte le cose che sappiamo produrre l'Europa non le vuole».

Ecco allora una riflessione molto importante: il contrasto (che non possiamo negare) tra gli interessi della parte debole della nostra popolazione (che sono gli agricoltori), e la parte debole del mondo che è costituita appunto dagli agricoltori del Terzo Mondo. Noi ce la caviamo molte volte adottando posizioni contradditorie. Ho visto in tanti casi oratori che infiammavano gli agricoltori dicendo loro che i prezzi erano troppo bassi, e poi andavano ad una riunione in favore del Terzo Mondo a infiammare i giovani dicendo loro che bisognava lasciare il nostro mercato aperto alle esportazioni del Terzo Mondo. Queste due posizioni sono in contraddizione fra di loro: bisogna pensare molto prima di dire cose che si contraddicono l'una con l'altra. Comunque, di fatto, questo sistema di garanzia di alti prezzi, di accumulazioni e di immagazzinamento è arrivato ad una crisi mortale. La CEE semplicemente non ha più soldi. Siccome abbiamo visto che per mantenere queste eccedenze occorrono risorse finanziarie molto grandi, il fatto che la CEE non abbia più soldi è abbastanza importante.

È iniziata perciò da due anni una politica che blocca o limita fortemente le garanzie dei prezzi agli agricoltori.

Questa politica prende il nome da colui che l'ha formulata, Ray McScharry, il commissario all'agricoltura della Comunità economica europea, e si articola su due capisaldi: da un lato l'abbassamento del livello dei prezzi, dall'altro il cosiddetto *set-aside*, parola apparentemente difficile ma che significa semplicemente «lasciare in disparte». Cosa significa? Che i contadini prendono un sussidio anche molto elevato purché invece di coltivare la terra la lascino dormire. Questo è un principio abbastanza interessante e in teoria dovrebbe favorire il lasciare riposare la terra meno fertile, quella delle alte montagne, quella delle colline scoscese. In pratica, siccome si esigeva un'azione molto energica, e sono stati quindi introdotti sussidi abbastanza alti per chi lascia riposare la terra, è accaduto che in Italia più di un milione di ettari sono già stati messi a riposo, e non solo terra di montagna, ma anche terra di pianura. Sono andato a parlare con McScharry per chiedere proprio all'ispiratore di questa politica agricola quali siano gli obiettivi che vuole ottenere con questa sua nuova strategia.

Dice McScharry: «Gli obiettivi prefissati riguardano il raggiungimento dell'equilibrio di mercato. Non c'è altra via che diminuire la produzione, per evitare che le eccedenze continuino a strozzare il mercato comprimendo i prezzi e i redditi degli agricoltori. Ecco la necessità di mantenere la produzione sotto controllo. I contribuenti non sono contrari a sopportare il peso dei nostri interventi in agricoltura e riconoscono il grande contributo dei contadini per la salvaguardia dell'ambiente. Ciò che i contribuenti non tollerano più è che i loro denari siano utilizzati per distruggere beni alimentari che non trovano mercato».

Con queste parole McSharry rovescia almeno in parte la vecchia politica e si avvicina alla tradizione inglese di aiutare i piccoli agricoltori. Ma così non protegge forse un'agricoltura più inefficiente?

«Non si può affermare» risponde il commissario CEE

«che le aziende più piccole o più deboli siano anche le meno efficienti. Infatti in molti casi accade il contrario. Sono le grandi aziende ad essere inefficienti. Quindi la nuova politica deve dare a tutti la possibilità di sopravvivere in questo nuovo contesto economico. Credo che finora le piccole e medie aziende non abbiano avuto i benefici che meritavano, malgrado le ingenti risorse investite in agricoltura in Europa negli ultimi trent'anni».

Trenta milioni di campi da calcio

Veniamo adesso all'ultimo capitolo, cioè all'Italia. Partiamo prima di tutto da un'osservazione che ci viene dalla prima inchiesta sull'agricoltura italiana, che fu fatta all'indomani dell'Unità dal senatore Stefano Jacini: un'inchiesta meravigliosa, condotta da un vero amante dell'Italia, che si era preoccupato di andare a studiare ogni aspetto della nostra agricoltura. Le conclusioni erano però molto tristi, molto dure. L'Italia, scriveva Jacini, non ha un'agricoltura, ma cento agricolture diverse fra di loro con problemi diversi e, quindi, necessita di cento politiche agrarie diverse. Egli faceva tutta una serie di critiche a provvedimenti generali per un sistema così articolato come la nostra agricoltura. Sotto questo aspetto era molto più moderno di molti esperti di oggi, più attento a comprendere l'Italia e a cogliere differenze e somiglianze fra le diverse regioni e le diverse agricolture.

Ora però cerchiamo di capire con un esempio molto semplice come è fatta l'agricoltura italiana e quali sono i suoi grandi problemi. È un esempio semplice (forse troppo semplice) ma spero sia in qualche modo di aiuto.

Tutti, alla scuola elementare, abbiamo imparato che l'Italia è un Paese di trecentodiecimila chilometri quadrati. Di solito non capivamo che cosa questo volesse dire. Trecentomila chilometri quadrati sono trenta milioni di ettari.

Trenta milioni di ettari sono circa trenta milioni di campi da calcio (per avere un'idea concreta). Però di questi trenta milioni, dieci non servono a nulla dal punto di vista agricolo, perché sono costituiti da strade, ferrovie, ghiacciai, spiagge e tutte le realtà in cui la produzione agricola è zero. Altri dieci producono poco o niente e sono l'alta e la media montagna.

La quasi totalità della produzione avviene in dieci milioni di ettari, cioè dieci milioni di campi da calcio. Noi siamo cinquantasette milioni di abitanti. Per ogni italiano vi è meno di un quinto di campo da calcio a disposizione, cioè un piccolo orto. In queste condizioni la nostra agricoltura non può essere un'agricoltura estensiva. Deve essere un'agricoltura specializzata, raffinata, che usi le migliori tecnologie, perché l'agricoltura estensiva la si lascia ai Paesi che hanno terra in abbondanza. Dobbiamo trarre le conseguenze di questa nostra realtà e quindi sviluppare al massimo l'intelligenza nella nostra agricoltura. Bisogna andare verso i prodotti specializzati. Questi non sono soltanto i prodotti mediterranei, riguardo ai quali dovremmo tornare all'altissimo livello scientifico del secolo scorso, quando l'Università di Palermo era famosa nel mondo per la perfezione raggiunta nella coltivazione delle arance e produceva innovazioni che hanno determinato mutamenti radicali in questo settore. Vengono dalla Sicilia innovazioni che hanno rivoluzionato tutta la coltura degli agrumi. Di questa gloria ci resta appena il ricordo (e forse nemmeno questo). Tuttavia dobbiamo pensare anche ai prodotti dell'agricoltura non mediterranea. A tanti prodotti lavorati: formaggi, salumi, vino. Abbiamo tutta una gamma di prodotti di altissimo pregio su cui dobbiamo impegnare la nostra creatività, perché evidentemente non potremo fare concorrenza a chi ha terra da buttare via, come abbiamo visto prima.

In complesso, se esaminiamo tutta la bilancia commerciale-alimentare, cioè le esportazioni meno le importazioni dei prodotti agroalimentari, abbiamo un forte passivo. Io non mi scandalizzo per le grandi importazioni (abbiamo già visto che nelle produzioni estensive non possiamo fare concorrenza ai paesi ricchi di terra). Mi scandalizzo, invece, per le scarse esportazioni, perché è su queste specialità che noi dovremmo puntare e dovremmo essere in grado di venderle in tutto il mondo.

Il filo della melanzana

Eppure abbiamo tanti agricoltori che hanno dato e danno prove di saper innovare e sapersi trasformare. Quasi sempre da soli (perché uno dei nostri problemi è proprio la mancanza di assistenza tecnica) hanno creato colture innovative e hanno completamente trasformato la base economica delle proprie aziende.

Di esempi ne potremmo citare parecchi, ma vorrei ricordare quello di un agricoltore siciliano che, avendo visto in Olanda alcune serre moderne in cui la produzione era moltiplicata facendo arrampicare le verdure su pali verticali, ha trasferito questa tecnologia in Sicilia, adottandola per le melanzane.

Il «filo della melanzana» è per me come un piccolo segno di speranza.

Potremmo perciò prendere questo filo della melanzana come simbolo del rinnovamento della nostra agricoltura: il nostro agricoltore ha copiato dall'Olanda, ha capito che anche la Spagna era un concorrente terribile e ha fatto le stesse cose che hanno fatto gli altri. E le ha fatte meglio. Questo è ciò che dobbiamo fare se vogliamo riconquistare i mercati perduti delle arance verso il Nord Europa, della verdura e della frutta in Francia, e così via. Ormai non contiamo quasi nulla nei rifornimenti agricoli di Parigi e Londra e anche in Germania fatichiamo a tenere il passo di fronte alla Spagna, alla Grecia, a Israele, al Cile e al Sud Africa.

Certo la nostra agricoltura non può vivere solo di primizie o di prodotti speciali, ma questi devono essere il punto di riferimento. Ovviamente non solo frutta e verdura, ma anche formaggi tipici e salumi: c'è una grande gamma di prodotti di alto prezzo e di alta qualità su cui noi dobbiamo fondare il futuro della nostra agricoltura. Ma per questo abbiamo bisogno di contadini che siano tecnici raffinati e aggiornati. Abbiamo bisogno di buone scuole agrarie. Nei prossimi capitoli parleremo anche di queste scuole e del fatto che senza di esse non potremmo avere una seria agricoltura. Ben pochi sanno che nell'Ottocento, appena avvenuta l'unità d'Italia, avevamo le cosiddette «cattedre ambulanti di agricoltura». Esistevano cioè delle istituzioni per insegnare non ai ragazzi ma ai contadini. Adesso, chi insegna ai contadini? Nessuno.

Il rapporto dei contadini con l'innovazione tecnologica è dato dai venditori di fertilizzanti, di antiparassitari, di trattori. Brava gente certamente, ma che fa il proprio mestiere con l'obiettivo di vendere il prodotto. Dobbiamo invece costruire una nuova rete di istruzione per tutta la nostra agricoltura.

Siamo così arrivati alla morale di cui parlavamo all'inizio: ancora una volta emerge che il nostro futuro non è nella terra ma è negli uomini. Anche, e forse soprattutto, in quelli che lavorano la terra.

2.
La macchina che ha cambiato il mondo

Questo secondo capitolo verte su un argomento di grandissimo interesse per tutti: l'industria dell'automobile. Ne parleremo come simbolo di tutte le industrie: assumeremo quello dell'automobile come settore guida, in grado di rappresentare anche la realtà degli altri settori industriali. Quella automobilistica è, in effetti, l'«industria delle industrie». Però, prima di affrontare questa tematica, poniamoci alcune domande. *Primo*: il futuro dell'industria è nell'uomo o nel robot? È nell'automazione o nell'intelligenza applicata all'industria? *Secondo*: nel grande conflitto sociale che ha sempre accompagnato la vita dell'industria, ci possono essere dei vincitori e dei vinti o ci debbono essere accordi, grandi alleanze, o anche grandi compromessi? *Terzo*: perché nell'impresa giapponese i livelli gerarchici sono quattro o cinque e nelle imprese italiane sono tra i dieci e i dodici? *E ancora*: che cos'è la produzione leggera? Riusciremo a vincere la nuova sfida che ci pone il Giappone? Perché l'industria della macchina fotografica ha perso? Perché, forse, l'industria della bicicletta ha vinto? Tutte queste domande che determinano evidentemente il nostro futuro economico, la nostra vita, dovranno trovare una risposta, anche se non del tutto completa, almeno in questo ambito.

Iniziamo dal settore automobilistico, il settore simbolo e la più grande industria di tutta la società moderna. Per dare un solo dato – e di dati voglio darne pochi, perché credo che sia soprattutto importante avere un'idea delle grandi evoluzioni della storia – nel mondo si producono più di cinquanta milioni di automobili ogni anno: un dato significativo che dà la dimensione della rilevanza di questo settore industriale. Cercheremo di capire in che modo le trasformazioni dell'industria hanno implicato cambiamenti nella società e proveremo anche a rispondere alla domanda suggerita dal libro più noto sull'industria dell'automobile uscito in questi anni, che dà anche il titolo a questo capitolo: *perché la macchina ha cambiato il mondo*? Perché il mondo ha cambiato la macchina? E, ripeto, il discorso non vale unicamente per il settore dell'automobile. Vale anche per elettrodomestici, giocattoli, mobili, cibo: in breve, tutti i settori dell'industria, questa grande realtà che caratterizza il mondo moderno.

C'era una volta ...

Analizziamo l'inizio della storia dell'automobile. L'automobile nasce nel Nord Europa, tra Francoforte e Parigi, ed ha il suo primo sviluppo sul finire del secolo scorso, proprio nell'area di Parigi. È importante riflettere sul perché l'automobile sia una «strana cosa» quando nasce.

L'automobile è quindi frutto dello sforzo di tanti artigiani che lavorano insieme offrendo ciascuno una forte e diversificata specializzazione.

Solo lavorando insieme possono dar luogo a un prodotto così complesso e possono scambiarsi progetti e informazioni. Inoltre le prime automobili si facevano a mano: c'era dunque bisogno di operai specializzatissimi. Un esempio che tutti sono in grado di comprendere: i cilindri si facevano uno per volta. Quando venivano poi avvitati insieme dovevano essere identici. Questo livello perfetto di lavorazione poteva essere solo il risultato del lavoro di grandi artigiani che abitassero vicino alle grandi città. Per questo motivo l'automobile nasce nelle metropoli: a Parigi c'era una concentrazione di migliaia di artigiani che facevano viti, bulloni, decorazioni e lavoravano tutti in botteghe diverse, ma insieme collaboravano a realizzare il prodotto finale. Naturalmente, in queste condizioni, ciascuna automobile era diversa dall'altra: non esisteva la produzione di serie. I modelli erano tutti pezzi unici e quindi il costo di ogni vettura era altissimo. Possiamo dire che, in questa prima fase della storia, l'automobile ha un costo pari a quello di una casa: è come una villa. Pochissimi se la possono permettere e quei pochi se ne possono permettere una in tutta la vita.

Poi, adagio adagio, la produzione comincia a svilupparsi, a diventare più razionale, più industriale e meno artigiana. Nasce la prima industria dell'auto e Torino ne è una delle capitali.

Noi siamo abituati a pensare a Torino, all'industria automobilistica nostra, come nata già grande. Non è vero, nasce artigiana e lentamente si sviluppa. Nel primo anno la Fiat produce sette automobili, nel secondo anno una ventina ed arriva a settanta nel terzo anno, con sistemi di produzione di tipo quasi artigianale. A lavorare in fabbrica è ancora un gruppo di grandi artigiani.

Questa fase finisce in fretta, con quella che viene chiamata la rivoluzione di Ford. Richiamo l'attenzione su questo fatto perché rappresenta una svolta per l'umanità, una rivoluzione mondiale. Cerchiamo di capire perché. Ford ha una intuizione chiarissima: capisce che, per diffondersi, l'automobile deve costare poco e per questo non può più essere un prodotto artigianale. Deve diventare un prodotto di serie: con Ford nasce l'automobile prodotta in grandi serie. Siamo tra il 1908 e il 1910, quando questa rivoluzione si incarna nella nuova filosofia di Ford. Non è solo un fatto tecnologico, non è solo la catena di montaggio, *è veramente una grandissima rivoluzione dell'umanità.*

Con l'invenzione della catena di montaggio l'automobile si muove su una pedana, attorno alla quale stanno gli operai, ognuno dei quali compie una lavorazione specializzata. Mentre l'artigiano nelle otto ore di lavoro faceva sempre lavorazioni diverse, l'operaio Ford è inchiodato al suo posto di lavoro e compie mansioni sempre più specializzate e parcellizzate, fino a impiegare meno di un minuto di tempo per ogni lavorazione. Ogni minuto ripete la stessa lavorazione durante tutta la giornata di otto ore. Altra conseguenza diretta della rivoluzione di Ford è l'efficienza della produttività, che aumenta di oltre dieci volte. Il prezzo dell'automobile crolla e, di conseguenza, si possono avere molti più acquirenti. Non solo, ma Ford – in questo è estremamente coerente – capisce che per avere tanti acquirenti deve pagare molto gli operai.

L'operaio della Ford guadagna più del doppio di un altro operaio. Si parla così dei mitici cinque dollari all'ora, una somma assolutamente al di fuori degli standard salariali di quel periodo. Ma attenzione all'altra novità: Ford non ha più bisogno di operai bravi, non li vuole. Non ha più bisogno di artigiani come quelli a cui abbiamo fatto accenno prima, quelli che a Bologna chiamiamo gli artigiani «dalle mani d'oro». Ha bisogno di operai che svolgano una mansione standardizzata e che non gli diano problemi. E si vanta, Ford, che dopo un quarto d'ora di addestramento i suoi operai hanno la stessa produttività di quelli che sono inseriti nella produzione da sei mesi. Ecco il pro e il contro di questa rivoluzione, che ha una conseguenza importantissima: provoca un abbassamento, una standardizzazione della classe operaia fino al punto in cui, per evitare conflitti interni all'azienda e differenze nell'esecuzione del lavoro, vengono assunti emigranti che parlano lingue diverse, in modo da circoscrivere al massimo la possibilità di comunicazione tra di loro. Si calcola che nello stabilimento di Rouge, dove veniva prodotto il famosissimo modello T, ci fossero operai che parlavano cinquanta lingue diverse, alternati in modo che non procurassero alcun problema all'azienda non essendo quasi nemmeno in grado di parlare fra di loro. Data la totale sostituibilità della mano d'opera, non c'era alcuna garanzia del posto di lavoro. Tra i lati positivi vi erano paga alta, potere d'acquisto, maggior diffusione dei beni di consumo. Tuttavia un operaio addestrato in un quarto d'ora poteva essere anche «sganciato» in un quarto d'ora.

Prima ed immediata conseguenza: viene meno il senso di appartenenza dell'operaio all'azienda. Non c'è più l'artigiano con la sua bottega, non c'è più l'operaio che abbia solidarietà con l'azienda. Egli viene remunerato molto bene ma rimane un estraneo.

Questo implica tutta una serie di ulteriori conseguenze, prima fra tutte il conflitto sindacale, che in America si lega unicamente all'attenzione ai livelli salariali. La staticità dei ruoli, l'impossibilità di avanzamento di carriera, si uniscono all'uniformità salariale: il salario non cresce proporzionalmente all'anzianità di lavoro. Anche i sindacati vengono coinvolti in questo circolo vizioso e combattono solo e unicamente per il livello di salario.

La catena di montaggio statunitense si traduce nel modello italiano del Lingotto, il grande simbolo dell'industria italiana fra le due guerre. Il Lingotto ha la stessa logica dell'azienda fordista, anche se, essendo una fabbrica urbana, nel centro di Torino, invece di estendersi in larghezza per chilometri come le fabbriche americane si sviluppa in altezza su più piani. La catena di montaggio parte dal basso e va verso l'alto, ed al vertice del Lingotto si trova la pista di collaudo. In tutte le enciclopedie pubblicate in Italia, questa pista di collaudo sopra il Lingotto a Torino era il simbolo della società industriale tra le due guerre.

A questo punto possiamo fare alcune riflessioni. La logica della fabbrica modello Ford non si è esaurita tra le due guerre, ha dominato fino, sostanzialmente, a quindici-venti anni fa. Nel dopoguerra è stata adottata non solo dagli americani, ma da tutti i produttori europei, in modo quasi identico: capi reparto, moltissimi livelli aziendali, una piramide gerarchica estremamente elevata, in perfetta emulazione del modello americano. Nelle fabbriche francesi o tedesche degli anni Sessanta, troviamo ancora emigranti che parlano decine e decine di lingue diverse. Alla Renault dell'epoca si alternavano gli emigranti di diverse origini, in perfetta sintonia con la logica fordista. In Germania, alla Volkswagen, italiani, turchi, jugoslavi erano sapientemente alternati in modo da rallentare qualunque tipo di comunicazione. In Italia, la situazione era diversa. Gli emigranti che lavoravano a Torino nella Fiat o a Milano all'Alfa Romeo, erano italiani. Non solo parlavano la stessa lingua ma, immediatamente, appartenendo allo stesso Paese, assimilavano gli usi e i costumi della classe operaia. Per questo negli anni Cinquanta-Sessanta avviene da noi un processo di omologazione molto forte che non ha eguali nelle altre fabbriche del Nord Europa.

In Germania, il ritiro del passaporto era la «punizione» per gli operai che davano in qualche modo fastidio. Nel nostro Paese la storia è stata diversa: molti dei nostri problemi si spiegano con questa reale difformità. Abbiamo vissuto una sfida più grande, più importante, più difficile, più turbolenta ma, forse, più bella. Se analizziamo le relazioni industriali del dopoguerra, vediamo che anche di queste l'industria dell'automobile è il grande simbolo. Nell'industria italiana purtroppo le relazioni industriali hanno seguito il movimento di un pendolo: quando vincevano i padroni (i datori di lavoro), gli operai erano sottoposti a una sfida durissima. Quando, viceversa, vincevano i sindacati, la situazione diventava difficilissima per gli industriali a causa di scioperi e di rivendicazioni continue. Il Paese solo in pochi casi, o quasi mai, ha saputo trovare il grande compromesso necessario agli equilibri economici di una società industriale moderna. Questa è la grande realtà, il messaggio principale della storia: in un paese industriale moderno non ci possono essere né vincitori né vinti. Per capire gli interessi collettivi c'è sempre la necessità di un grande punto di incontro e di compromesso. Il nostro Paese ha avuto più degli altri questa necessità, è stato spesso meno attento a capire la grande importanza di raggiungere e razionalizzare questo compromesso.

Questo è il quadro europeo, che è rimasto tale fino a che non è successo qualcosa: è avvenuta quella che chiamiamo la rivoluzione giapponese, che erroneamente tendiamo a identificare coi robot, i computer e l'informatizzazione.

Il gioco di squadra

Quando sono stato per la prima volta in una fabbrica di automobili in Giappone, intorno al '79-'80, avevo appena visitato lo stabilimento di Mirafiori. Ho avuto la sorpresa di trovare una minor meccanizzazione, meno robot di quelli che avevo visto nelle fabbriche italiane o nelle altre fabbriche europee.

Parto con questa osservazione perché la riflessione sul Giappone che stiamo per affrontare è molto più legata ad una diversa logica di produzione che non alle macchine impiegate. Per questo la rivoluzione giapponese diventa una sfida storica come quella di Ford: una sfida che implica un cambiamento globale della società.

Primo: il mercato giapponese era diverso da quello occidentale: non c'era potere d'acquisto sufficiente per una produzione di massa e bisognava proporre tanti modelli diversi senza peraltro poter portare ad alti livelli la produzione. L'imperativo era comunque la realizzazione a basso costo di tali modelli. Era necessario combinare l'imperativo di una produzione diversificata e non di massa, con il basso costo. Qui ha inizio la grande rivoluzione giapponese.

Secondo: si trasforma la piramide organizzativa. In una fabbrica giapponese, l'operaio deve intervenire e lavorare su diversi modelli, svolgendo più di una funzione; deve avere capacità di decisione autonoma, deve sapere fare le manutenzioni e cambiare gli stampi e gli utensili: c'è bisogno di un operaio intelligente, diverso dal vecchio artigiano, ma con la stessa capacità di invenzione e la stessa cultura. C'è bisogno di un operaio che conosca la matematica, la fisica e la statistica, perché deve intervenire sui processi di produzione.

Cambia ancora la cultura. Il sistema produttivo giapponese non ha bisogno di un operaio che lavori da solo, ma di un operaio che lavori in squadra, perché alcune funzioni devono essere svolte insieme e alcune singolarmente. È facile intuire che quello richiesto non è un cambiamento tecnico.

È un cambiamento che, appunto, trasforma la piramide organizzativa. Non ci sono più il semplice operaio, il caporeparto, il sorvegliante, il sovra-sorvegliante. Invece di dieci, dodici livelli organizzativi in una fabbrica ne abbiamo solo quattro o cinque, dall'operaio più basso nelle gerarchie fino al presidente. L'informazione deve circolare velocemente, perché è l'operaio che deve agire; se necessario, può persino (e questo è un fatto simbolico di portata storica) fermare la catena di montaggio. Ha in mano un pulsante, un bottone, una catenina con cui, se qualcosa non va, può arrestare il processo. È una cosa rivoluzionaria. Nella catena tradizionale l'operaio non si curava minimamente della qualità del prodotto che usciva dalle sue mani. Faceva il suo lavoro ripetitivo e basta. Se la macchina non usciva perfetta dalla produzione veniva portata in un reparto apposito in cui era riparata e messa a punto.

Nel sistema giapponese, dunque, l'operaio ha il grande potere (anche simbolico) di fermare la catena di montaggio. All'inizio non fu facile assimilare questo meccanismo, tanto che le fermate della catena di montaggio erano molto frequenti, ma in seguito si formò il gioco di squadra, adagio adagio i difetti vennero meno e si arrivò al record negativo, al record minimo dei difetti.

Certamente il sistema giapponese impone un cambiamento anche nella politica salariale: interviene l'anzianità, perché si vuole che l'operaio sia bravo e stimolato, che in qualche modo abbia un rapporto duraturo con l'azienda. Il salario cresce con l'anzianità e cresce anche con la produzione, e si stabiliscono quindi incentivi di produttività. Lo schema della fabbrica si rovescia completamente non perché ci siano più robot, ma perché cambia la concezione stessa della produzione.

Comincia il grande successo dell'impresa giapponese, simbolicamente rappresentato dall'ultimo viaggio del presidente Bush in Giappone: il rappresentante del più grande Paese del mondo si incontra con gli industriali giapponesi, gran parte dei quali è costituita dagli industriali dell'automobile, e comincia una accesa e folcloristica discussione. È interessante in questa occasione la risposta dei manager dell'automobile giapponese ai loro colleghi americani: «Ma come, voi venite qui perché le vostre fabbriche perdono denaro, al contrario delle nostre, e i dirigenti americani che sono qui di fronte a noi guadagnano dieci volte più di quello che guadagniamo noi. Cominciamo a mettere ordine nelle aziende e poi vediamo come va a finire!». È una presa di posizione che sottintende il discorso della gerarchia aziendale che io ho fatto prima: è un pezzo della rivoluzione industriale che si inserisce quasi casualmente in una discussione diplomatica, ma con una vivezza estremamente importante. È per questo che oggi sostengo che, per dirla con le parole che danno il titolo a un famoso libro del professor Dore, «bisogna prendere il Giappone sul serio»: perché la rivoluzione giapponese non è un fatto di poca importanza, è un nuovo passaggio nella storia della cultura che dobbiamo assolutamente imitare e fare nostro non nelle sue forme esteriori (molte delle quali non mi piacciono) ma nei suoi contenuti profondi.

«Just in time»

Cerchiamo di capire in breve che cosa avviene all'interno di una fabbrica giapponese, come concretamente si ottiene il gioco di squadra cui accennavamo.

Anzitutto, prima di progettare un nuovo modello, i tecnici giapponesi smontano pezzo per pezzo un'automobile della concorrenza, compongono le parti ordinatamente in tanti pannelli a seconda della componentistica e del loro utilizzo. Le studiano una ad una e ne fanno un'analisi completa. E poi iniziano uno sforzo collettivo e concentrato di miglioramento continuo che dura anche anni e anni.

Ma la rivoluzione a cui abbiamo fatto cenno non si ferma all'interno della fabbrica. Anche i fornitori cambiano completamente. Devono essere fornitori raffinatissimi, con un rapporto di fedeltà all'azienda molto profondo e sempre aggiornati sulle innovazioni tecnologiche dei componenti. Il fornitore viene spostato all'esterno dell'impresa, perché deve essere uno specialista nella produzione di quel componente, ma il prodotto arriva *just in time*, cioè con rifornimento continuo alla catena di produzione. Con questo rapporto strettissimo tra impresa e fornitori il prodotto arriva alla fabbrica assolutamente affidabile e del tutto collaudato.

Ovviamente questo modello del Giappone all'inizio è stato visto con diffidenza e sufficienza. Noi per troppi anni abbiamo pensato che fosse una specie di strano mondo di «schiavismo», poi è esplosa l'emulazione. Oggi il modello viene imitato in molti Paesi e, nel caso dell'automobile, abbiamo i cosiddetti «transplants», cioè gli impianti giapponese oltremare: ne abbiamo avuti in America, poi in Europa, ed ora stanno arrivando un po' in tutto il mondo.

Questo fatto è interessante perché troviamo che i «transplants» hanno introdotto nel Paese ospitante i pregi fondamentali della cultura industriale giapponese. Per esempio a Georgetown nel Kentucky (Stati Uniti), lo Stato che per tradizione produce whisky e cavalli, i giapponesi hanno scelto di creare una contea «dry», cioè nella quale è proibito bere alcolici, dove impiantare cioè il loro stabilimento. Ci ha raccontato un dirigente della Toyota: «Quando abbiamo deciso di impiantare una fabbrica a Georgetown mi dissero di non aspettarmi personale esperto, quindi abbiamo cominciato da zero. Abbiamo addestrato gli operai portandoli in Giappone per un mese, poi li abbiamo riportati indietro e abbiamo continuato l'addestramento ancora e ancora, provandoli sul campo. Naturalmente erano preoccupati per la situazione non ben sperimentata, ma subito hanno mostrato un'abilità molto superiore a quanto ci aspettassimo e fin dall'inizio hanno prodotto macchine di ottima qualità. Il processo di selezione inizia negli Stati Uniti, poi le persone vengono mandate in Giappone presso la nostra impresa. È un processo veramente lungo. Nel corso dei test, non chiediamo esperienze precedenti ma piuttosto doti di "leadership" e capacità di lavorare coralmente. Il nostro management pensava che la sindacalizzazione fosse una scelta degli operai ma attualmente i nostri dipendenti non sono iscritti al sindacato. Penso quindi che siano abbastanza soddisfatti dei nostri quadri-dirigenti.

La Toyota ha un suo metodo di produzione, la *lean production*, cioè la cosiddetta "produzione leggera". Tutte le nostre fabbriche giapponesi lo applicano. Una delle caratteristiche di questo sistema è di produrre ogni giorno lo stesso numero di pezzi, non solo di macchine, ma anche di componenti. Un'altra caratteristica è che abbiamo un sistema di bloccaggio della lavorazione, che consiste di un pulsante raggiungibile lungo tutta la linea; ogni volta che ci sono dei problemi durante la produzione basta premere il pulsante per arrestarla.

Anche questo sistema è stato trasferito qui con molta facilità. Produciamo tante macchine quante ne servono e quando servono, così da non avere grandi giacenze di magazzino. Produciamo una macchina ogni cinquantasette secondi e stiamo tentando di produrre anche tutti i componenti negli stessi cinquantasette secondi. Inoltre stiamo incrementando il sistema di *just in time* con i nostri fornitori: attualmente già trenta o quaranta di loro lavorano con questo metodo. Mi sembra pertanto che tutto proceda con successo».

Giapponesi in Italia o Italia giapponese?

Abbiamo sostenuto in precedenza che il successo dell'industria giapponese non deriva soltanto dall'organizzazione della fabbrica, ma da tutto quello che le sta attorno. Ogni Paese con i transplants traduce il sistema «giapponese» secondo la sua cultura. Naturalmente, ci interessa vedere la risposta italiana. Distinguiamo due aspetti principali. In primo luogo la risposta tecnologica. Straordinaria, formidabile, con processo tecnologico molto forte: ne sono esempio gli stabilimenti di Termoli per produrre motori, gli stabilimenti di Cassino e di Pomigliano d'Arco per produrre automobili. In questo la risposta italiana è stata simile a quella europea: chiudere i vecchi stabilimenti ed aprirne di nuovi fortemente automatizzati (sono stati chiusi anche dei veri gioielli dell'industria come il Boulogne Billancourt, che era uno dei grandi simboli dell'industria automobilistica francese).

Il secondo aspetto riguarda la risposta organizzativa. Non basta introdurre i robot, bisogna cambiare la struttura gerarchica e il modo in cui l'uomo lavora. Ho parlato di questo tema, che riguarda il presente e il futuro, con chi ha la massima responsabilità, nel nostro Paese e forse in Europa, dell'industria dell'automobile: l'avvocato Giovanni Agnelli.

Gli ho chiesto se ha scelto di affrontare la sfida giapponese. «Non si tratta di una questione di scelta,» risponde Agnelli, «ma di una questione di sopravvivenza, di vita o di morte per l'industria automobilistica extra giapponese. È un problema che si pone sia all'industria americana che all'industria continentale europea. Stiamo prendendo i provvedimenti necessari perché tra adesso e la fine del secolo si possa essere in condizioni di affrontare ad armi pari l'industria giapponese. Non bisogna dimenticare che le due industrie continentali americane ed europee hanno circa un secolo di storia, quella giapponese è nata negli ultimi quaranta o cinquant'anni; sfruttando i vantaggi sia tecnici che di produzione della società in cui si trovano a vivere. La speranza è che per la fine del secolo si possa competere».

Gli ho chiesto poi quali siano le condizioni necessarie affinché il nostro Paese non rimanga vittima di una politica liberista. «La politica liberista» ha risposto «è quella che tutti auspichiamo come italiani in Europa e come continente europeo verso il mondo. Si vuole arrivare anche nel mondo dell'automobile al liberismo assoluto entro la fine del secolo. Ci sono delle tappe intermedie in cui si consentono prima delle quote di importazione giapponese, poi delle considerazioni diverse fra le vetture importate, quelle montate e quelle prodotte sul posto; verso la fine del secolo la liberalizzazione sarà assoluta. La Fiat è naturalmente favorevole alla liberalizzazione perché con la liberalizzazione (dei prodotti o delle idee) c'è minore pericolo di conflittualità e di contrasti fra le grosse aree economiche.

I TRANSPLANTS IN NORDAMERICA

Costruttore	*Stabilimento*	*Regione*	*Stato*	*Inizio*	*Produzione 1989*	*Capacità attuale*	*Capacità prevista*	*Anno prev.*	*Modelli*
HONDA	Alliston	Ontario	Canada	1986	86,500	80,000	100,000	1991	Civic
	East Liberty	Ohio	USA	1989	N/D	150,000	300,000	1993	Civic
	Marysville	Ohio	USA	1982	350,000	360,000	....	....	Accord/Civic
ISUZU	Lafayette (1)	Indiana	USA	1989	N/D	60,000	120,000	1994	Pickups
MAZDA	Fiat Rock	Michigan	USA	1987	216,200	240,000	....	...	626/MX-6
MITSUBISHI	Bloomington (2)	Illinois	USA	1988	N/D	120,000	....	....	Eclipse/Mirage
NISSAN	Smyrna	Tennessee	USA	1987	115,580	265,000	440,000	1994	Sentra/Pickups
	Avon Lake (3)	Ohio	USA	....	....	....	75,000	1992	Minivans
SUBARU	Lafayette (1)	Indiana	USA	1989	N/D	60,000	120,000	1994	Legacy
SUZUKI	Ingersoll (4)	Ontario	Canada	1989	N/D	100,000	....	....	Swith/Siderick Pickup
TOYOTA	Cambridge	Ontario	Canada	1988	20,860	50,000	....	....	Corolla
	Fremonth (5)	California	USA	1983	N/D	187,500	262,500	1991	Corolla/FX16
	Georgetown	Kentucky	USA	1988	151,150	200,000	....	....	CaamrY

(1) SIA: Subaru-Isuzu AUtomotive, Inc. (2) Diamond-Star: Mitsubishi-Chrysler (3) Nissan-Ford (4) CAMI: Suzuki-GM (5) NUMMI: Toyota-GM

Fonte: Fiat Auto, 1991

I TRANSPLANTS IN EUROPA

Costruttore	*Stabilimento*	*Regione*	*Stato*	*Inizio*	*Produzione 1989*	*Capacità attuale*	*Capacità prevista*	*Anno prev.*	*Modelli*
DAIHATSU	Pontedere (1)		Italia	....	....	....	15,000	1993	Hi-Jet
HONDA	Longbridge (2)		Gran Bretagna	1989	13,000	13,000 (2)	....	....	Concerto
	Swindon		Gran Bretagna	....	....	...	100,000	1991	N/D
	Lisbona		Portogallo	....	....	....	1991	N/D	
NISSAN	Sunderland		Gran Bretagna	1988	77,280	100,000	200,000	1992	Primera
	Barcelona (3)		Spagna	N/D	N/D	30,000	60,000	1993	Pickup
SUBARU	Angers		Francia	....	....	....	10,000	1992	N/D
SUZUKI	Linares		Spagna	1985	N/D	50,000	....	....	N/D
	Madrid (4)		Spagna	1990	N/D	24,000	....	....	Pickups
	Esztergom (5)		Ungheria	....	....	....	50,000	1993	Swift/Pickups
TOYOTA	Lisbona (6)		Portogallo	1971	N/D	15,000	....	....	Pickups
	Burnaston		Gran Bretagna	....	....	....	200,000	1993	Carina II
	Burca (7)		Turchia	....	....	....	80,000	1993	Corolla

(1) Daihatsu-Piaggio (2) Produzione Rover per Honda (3) Nissan Iberica: Nissa-Altri (4) Land Rover Santana: Suzuki-Rover (5) Suzuki-Altri (6) Salvador Caetano: Toyota-Salvador Caetano (7) Toyota-Altri

Fonte: Fiat Auto, 1991

Quindi è ciò che si auspica e con cui ci si prepara a convivere nel giro di cinque, sei, sette, otto anni.

Bisogna considerare quali siano le potenzialità da sviluppare per una maggiore competitività futura. L'industria europea dell'automobile è nella relatività del continente europeo più importante di quanto non lo sia negli Stati Uniti, sia per il valore aggiunto (pari a circa il 10% del totale dell'industria) sia per l'occupazione, che per quantità di ricerca e sviluppo. In Europa spendiamo,fra le varie fabbriche, circa dieci miliardi di dollari l'anno per ricerca e sviluppo, cifra che rappresenta il 10-20% in più di quello che spendono gli americani. In Europa bisogna organizzarsi per fare quella che chiamiamo la ricerca precompetitiva, cioè la ricerca in comune, guidati e assistiti dalla comunità in modo che le risorse impegnate possano vendere di più».

Infine gli ho rivolto una domanda sullo stabilimento di Melfi e sulle valutazioni che hanno spinto la Fiat ad investire nel Mezzogiorno d'Italia con nuove tecniche che rispecchiano la cultura giapponese. La risposta dell'avvocato è stata: «Premesso che l'industria classica dell'automobile europea ha un secolo di storia e che l'industria giapponese solo mezzo secolo, o forse quarant'anni di storia, la Fiat è ora all'avanguardia con questi nuovi impianti. È stato scelto di farli a Melfi e, evidentemente, quando si esamina la localizzazione di un impianto si esaminano le condizioni in cui ci si può trovare a lavorare. Vi erano condizioni favorevoli in altre aree sottosviluppate dell'Europa, come il Portogallo, l'Irlanda, ma si è scelto il Mezzogiorno per varie ragioni. Prima di tutto perché, essendo la Fiat italiana, era preferibile lavorare sul nostro territorio. Inoltre i precedenti erano di notevole successo nell'Italia del Sud: basti pensare agli impianti in Abruzzo, a Napoli, in Sicilia, a Lecce. Tutti hanno dato molta soddisfazione. La Fiat si trova bene come ambientazione nel Sud. La Lucania è una zona che dà molta fiducia: per questo ci siamo impegnati con un investimento di circa quattro-cinquemila miliardi e una capacità produttiva di mezzo milione di vetture. Per quel che riguarda l'applicazione di una certa tecnica giapponese, certamente la produzione avrà delle modalità più affini a quello che è stato fatto nell'ultimo mezzo secolo in Giappone che non per esempio a Mirafiori a Torino.

Quando la Fiat cominciò nel secolo scorso a Torino, cominciò dal piccolo, in un mercato di enorme espansione dove pochissimi possedevano i segreti di quella tecnologia. Oggi è completamente diverso. Si parte con un immenso impatto immediato nella Lucania, in un mercato che si può definire maturo ma che certamente non è nella fase iniziale di esplosione, di crescita, che possiede tecnologie già conosciute. Il primo problema è di organizzazione e disponibilità; saranno tra otto e diecimila le persone che nello stabilimento di Melfi avranno lavoro sul posto; si tratta di vedere come funzioneranno le infrastrutture, i mezzi pubblici. In questo caso si tratta di trasferire un mestiere già esistente in una zona nuova, mentre a Torino ci furono le origini di un mestiere che ha avuto un secolo di evoluzione e di sviluppo».

Da questa intervista con l'avvocato Agnelli si percepisce come la sfida giapponese sia affrontata con consapevolezza e in modo diretto. Lo stabilimento di Melfi assomiglierà molto più a quelli giapponesi che non a Mirafiori.

«Per produrre un'automobile» aggiungono i tecnici della Fiat «occorrono cinquemilacinquecento componenti diversi e oltre tremilacinquecento operazioni tra loro coerenti. L'automobile oggi è un prodotto in permanente evoluzione al centro di attese che si fanno di giorno in giorno più esigenti; è un prodotto che il confronto internazionale vuole sempre più nuovo e competitivo. Melfi e Pratola Serra sono impianti che avviano un nuovo modo di organizzare la produzione automobilistica e contribuiscono a creare un nuovo tipo di cultura industriale. Alla base di questa trasformazione è l'unità tecnologica elementare. Tanti piccoli stabilimenti con le opportune leve gestionali e decisionali che sostituiscono le tradizionali squadre verticalizzate. Le UTE, Unità tecnologiche elementari, sono responsabili dei costi e della qualità: sono gli stessi operai dell'unità che autocontrollano e autocertificano il proprio prodotto. Determinante in quest'opera di stretta collaborazione è l'aiuto di «squadre tecnologiche», gruppi di lavoro interfunzionali con livelli di professionalità più elevati. Il supporto tecnico gestionale è fornito all'unità tecnologica e al singolo operaio direttamente in officina. Nella nuova organizzazione il personale opera in un contesto differente da quello tradizionale e tutti, dagli operai ai tecnici ai capi, ricoprono nuovi ruoli, che richiedono la creazione di nuove professionalità. La formazione coinvolgerà tutti gli ottomilatrecento giovani nuovi assunti per un costo complessivo di duecentoquaranta miliardi, e sarà sviluppata parallelamente all'installazione dei mezzi di lavoro. Per le figure professionali più complesse, i corsi di formazione richiederanno una durata di circa due anni, mentre per le famiglie professionali, meno qualificate, sono previste almeno venti giornate lavorative. Notevoli gli investimenti tecnologici anche in funzione dell'ambiente e del miglioramento delle condizioni di lavoro. Anche i fornitori sono strettamente coinvolti nell'operazione. I più importanti avranno sede a fianco della fabbrica di Melfi, gli altri godranno di costanti forme di assistenza sul fronte della tecnologia, dell'informatica e del supporto tecnico.

La fabbrica del futuro non può ignorare l'impatto ambientale e quindi la compatibilità ecologica. L'attenzione è concentrata sull'utilizzazione dei cicli produttivi per ridurre i residui e i rifiuti, sul trattamento delle acque industriali, sull'impiego di vernici ad acqua e sull'eliminazione di cloro-fluoro carburi che sono le sostanze responsabili del buco nell'ozono. Questa è la fabbrica degli anni Novanta. Ottimizzare l'integrazione tra risorse umane e tecnologie d'avanguardia è la base del futuro successo».

La lezione della bicicletta

Le evoluzioni storiche dell'industria dell'automobile, i passaggi dall'artigianato alla grande industria di serie, fino alla rivoluzione giapponese, alla risposta europea ed a quella italiana, suggeriscono un interrogativo: riusciremo a vincere o no? Questo è il problema che noi dobbiamo porci, perché in alcuni casi abbiamo vinto e in altri siamo stati sconfitti, come nel settore delle macchine fotografiche, in cui la sconfitta è stata completa. Non esiste più un'impresa di macchine fotografiche al di fuori di quelle giapponesi che possa minimamente competere con i vincitori. In altri casi la risposta sta venendo. Posso riportare un'esperienza personale piccola ma forse significativa, che riguarda le biciclette, tecnologia in cui l'Italia ha sempre dominato. Qualche anno fa abbiamo cominciato a «perdere colpi» di fronte al salto tecnologico dei giapponesi. Personalmente, sei anni fa ho tradito l'industria nazionale per adottare un cambio giapponese, e quest'anno sono ritornato alla bicicletta Bianchi e al cambio Campagnolo, che ha riconquistato l'originaria competitività. Poi sono andato a vedere perché, e qui è la lezione da imparare. Per rilanciare il suo prodotto, la Bianchi ha mandato i suoi tecnici in California; la Campagnolo, dal canto suo, ha smontato e rinnovato i meccanismi con lo stesso sistema dei giapponesi – credo che abbiano sognato anche di notte la concorrenza giapponese – e, con umiltà, ha finalmente ricreato il gioco di squadra. È tornata alla conquista del mercato ed ha cominciato forse ad avere successo. Queste sono le lezioni che noi dobbiamo apprendere, e cioè che in questa sfida mondiale nessuno può permettersi di addormentarsi nemmeno un attimo, e che la sfida non può essere vinta con un fatto episodico. Deve essere vinta con un lavoro di squadra sistematico. L'insegnamento che emerge da queste analisi e da queste riflessioni porta perciò alla seguente conclusione: bisogna lavorare con il gioco di squadra, lavorare con umiltà ma lavorare insieme. E allora la sfida può anche essere vinta.

3.
Crescere è comunicare

Che cos'è l'Italia delle cento città e delle mille piccole imprese? Perché può nascere un'azienda di salmoni lontano dal mare? E, ancor più importante: «piccolo» è ancora «bello», o le piccole imprese sono spacciate? Il bar, la piazza o la parrocchia: che cos'hanno in comune queste tre realtà con lo sviluppo industriale? A queste domande possiamo tentare di dare una risposta comune: la comunicazione.

Da qui il tema di questa terza lezione di economia.

Ripensiamo un momento al tema del capitolo precedente, quando abbiamo esaminato l'evoluzione dell'industria automobilistica, portata ad esempio di tutta l'attività manifatturiera: il percorso andava dagli artigiani di Parigi, alla rivoluzione di Ford, alla rivoluzione giapponese. Adesso ritorniamo in Italia e cerchiamo di capire se il suo sviluppo industriale è stato uguale oppure diverso da quello dagli altri grandi Paesi.

Le cento città

Cominciamo col dire che la storia del nostro Paese è profondamente diversa. Abbiamo avuto il Medio Evo, il Rinascimento. In alcuni secoli abbiamo avuto tante città importanti come Napoli, Bologna, Venezia, Milano, Genova, che erano tra le più grandi del mondo. Ma l'Italia è arrivata molto più tardi all'unità nazionale rispetto, ad esempio, alla Francia e alla Gran Bretagna. Non ha mai avuto una capitale fino al 1861 e non ha mai avuto una metropoli dominante. È rimasta il Paese delle «cento città». Si potrebbe argomentare che anche la Germania è rimasta il Paese delle cento città, ed è vero. Quando però andiamo a valutare, al tempo dell'unità, la situazione economica di questi due Paesi e, più in generale, dei principali Paesi europei, ci accorgiamo che l'Italia era purtroppo molto più arretrata. Senza bisogno di analizzare dati e aspetti particolari, un semplice confronto delle rispettive reti ferroviarie offre una indicazione chiarissima.

Le ferrovie – non dimentichiamolo – erano il grande sistema di comunicazione di allora. Nel 1850 l'Italia aveva solo cinque piccoli «moncherini» di ferrovie, mentre tutto il resto dell'Europa era solcato da reti ferroviarie costruite nei decenni immediatamente precedenti. Intorno al 1861, anno dell'unificazione, l'Italia aveva duemila chilometri di rete ferroviaria, mentre ne aveva diciassettemila la Gran Bretagna e novemila la Francia. Tutto il resto dell'Europa era già in fermento e noi faticavamo a seguire questo sviluppo. Quindi il nostro non poteva che essere uno sviluppo di inseguimento, completamente diverso da quello degli altri Paesi già avviati sulla strada dell'industrializzazione. In Italia era presente una grande tradizione di artigianato: l'industria manifatturiera era nata solo in alcune zone, quali il celebre «triangolo industriale» fra Milano, Torino e Genova. Lo sviluppo industriale cominciò poi a diffondersi a nord di Milano dando vita ad un «piccolo triangolo industriale» tra Gallarate, Legnano e Busto Arsizio, nella valle del fiume Olona.

Visitando oggi la valle dell'Olona incontriamo, quasi senza soluzione di continuità, grandi fabbriche il cui sviluppo è legato ad un tipo di evoluzione piuttosto singolare.

Andando a rileggere le pagine di storia legate ai primi periodi di crescita di tali sistemi industriali, scopriamo che i primi industriali tessili della valle dell'Olona erano artigiani che compravano i macchinari usati in Francia . I francesi, a loro volta, li avevano molto spesso acquistati usati in Inghilterra. Successivamente, verso la fine del secolo scorso, quando il progresso tecnologico fornì nuove fonti di energia e non ci fu più bisogno dell'acqua del fiume (in questo caso dell'Olona), per far funzionare le fabbriche, gli stabilimenti produttivi furono spostati verso Milano. Qui abbiamo, tra l'altro, una delle prime centrali termoelettriche d'Europa: la Centrale di Santa Radegonda, che si trovava dove adesso c'è la Rinascente, ad un passo dal Duomo, installata in posizione centrale per sopperire soprattutto al fabbisogno energetico del Teatro alla Scala. Questi segni di sviluppo industriale si moltiplicano fino al primo decennio di questo secolo e così pure nel periodo fra le due guerre: sostanzialmente, però, l'Italia rimarrà, nell' ambito dei paesi europei, un Paese agricolo fino al secondo dopoguerra. Nel 1861 l'Italia aveva il 60% degli occupati impiegati nel settore agricolo, mentre nel censimento del 1951, cioè novant'anni dopo, il 45% circa. In questo lunghissimo periodo di tempo il calo è stato soltanto di quindici punti percentuali. Ma non è finita qui; dal 45% del 1951 arriviamo a oggi: gli addetti all'agricoltura sono scesi al di sotto del 10%. È facile desumere da questi semplici dati che la rivoluzione industriale in Italia è frutto di questo secondo dopoguerra.

Ora lasciamo stare la storia, un'eredità che può anche essere pesante – l'abbiamo richiamata per capire che cosa abbiamo alle nostre spalle – e veniamo agli ultimi quarant'anni. Lo sviluppo industriale è frutto, in generale, di un nuovo quadro dell'economia. Prima di tutto, fra le vie di comunicazione non c'è più soltanto la ferrovia, ma vi sono la rete stradale, il telefono e tanti altri strumenti di telecomunicazione. Le cento città italiane possono quindi essere tutte inserite all'interno del gioco economico, non trovandosi più isolate tra loro. L'industria non è più obbligata a nascere – come alla metà dell'Ottocento – intorno ai corsi d'acqua, o nelle grandi metropoli; può sorgere ovunque purché ci siano intelligenza, imprenditorialità e, naturalmente, uno Stato, un governo che l'aiuti.

Giorno e notte

Uno degli esempi più significativi che si possano portare oggi al riguardo ci viene dagli Stati Uniti, dove opera la più grande impresa di aeroplani del mondo, la Boeing, all'avanguardia per tecnologia utilizzata. Questa grandissima impresa è localizzata a Seattle, nello stato di Washington, lontana dai grandi centri metropolitani statunitensi: perché? Perché svolge una produzione intelligente, perché ha un gruppo di tecnici di alto livello e perché le reti di comunicazione le permettono di essere in contatto con tutto il mondo. Trentamila fornitori fanno pervenire i loro componenti a Seattle, dove tutto viene organizzato in un immenso sistema che funziona giorno e notte: la merce arriva con tutti i mezzi, da tutti i luoghi e serve a comporre quell'incredibile apparecchio che è un «Jumbo», il più grande aereo di linea del mondo.

Lo stesso rapporto col territorio può, potenzialmente, nascere anche nelle cento città italiane. Esse non sono più legate ai vecchi vincoli di localizzazione (ad esempio i corsi d'acqua) e l'industria può nascere ovunque.

Tornando alla nostra rilettura storica, possiamo ora capire come il triangolo industriale finalmente si sia «aperto» nel corso degli ultimi trenta-quarant'anni. L'industria si espande in Emilia, in Veneto, nelle Marche, in Toscana, in quasi tutto il Paese. Alcune zone del Mezzogiorno rimangono isolate, ma l'espansione nel resto dell'Italia diventa fortissima. Le nostre cento città diventano cento distretti industriali. Certo, ognuna ha la sua storia, ma ci sono dei «fili» che legano insieme queste città. Siamo nell'Italia degli anni Cinquanta, abbiamo tante imprese – ad esempio imprese produttrici di materiale bellico – che vengono chiuse; nascono nel Paese forti tensioni sociali. Intanto si aprono i mercati: l'Europa comincia ad essere un mercato «aperto». Gli artigiani iniziano la loro attività e le imprese si moltiplicano.

La generazione della speranza

Io ho un ricordo della mia infanzia, che è poi il ricordo di tanti italiani della mia generazione: ricordo quando a Reggio Emilia, la mia città, chiusero le «Officine Reggiane», cosicché improvvisamente migliaia di persone rimasero a casa disoccupate. A quel punto praticamente quasi tutti emigrarono in Francia, a Saint-Etienne, negli stabilimenti siderurgici e di meccanica pesante. Dopo un anno però erano tutti tornati perché, nel frattempo, molti di loro avevano avviato officine meccaniche che producevano sì oggetti semplici, ma che creavano nuova occupazione. In pochi anni queste città si sono ingrandite e la struttura industriale è nata. Ed è nata, soprattutto, quella che io chiamo «la generazione della speranza», che ha avuto il suo culmine alla fine degli anni Cinquanta e negli anni Sessanta. La generazione della speranza, dicevo: anche qui diventano importanti i ricordi di quando, nei primi anni della mia attività di studio sulle piccole e medie imprese, visitavo queste aziende; quando parlavo con gli operai, con la gente, il più delle volte il colloquio si svolgeva così: «Va bene, son qui che fatico, sono anni duri, però sono sicuro che per mio figlio le cose andranno meglio». Erano gli anni in cui si stava veramente costruendo un nuovo Paese.

Cerchiamo dunque di capire cosa sono quelli che ormai

LA MAPPA DEI SISTEMI PRODUTTIVI LOCALI

Fonte: Il Sole 24 Ore, 1992

generalmente chiamiamo i «distretti industriali», organizzazioni produttive che hanno cambiato il volto dell'Italia. L'hanno cambiato perché i dati del censimento industriale dicono che su sei milioni di addetti all'industria in Italia circa cinque milioni sono occupati nelle piccole e medie imprese e solo un milione nelle imprese maggiori. Ecco perché ho detto che la nuova Italia industriale è fatta di questi distretti, di tante piccole e medie imprese. Facciamo degli esempi: Biella per il tessile, Montebelluna per gli scarponi da sci, il Cadore per gli occhiali, Vigevano per le calzature, Sassuolo per le piastrelle, Prato per il tessile, Carpi per la maglieria, per i mobili Pesaro e la Brianza, per l'oreficeria Vicenza, Valenza e Arezzo. Al Sud, per le calzature Barletta, per le conserve Salerno, per le concerie Solofra. È veramente tutta un'Italia in cui nascono nicchie di mercato, città specializzate, e non a caso. Perché? Perché quando un Paese ha una tecnologia arretrata e capitali scarsi, come l'Italia di allora, non può avere le grandi imprese di un chilometro quadrato che nascono come in tanti altri Paesi, ma piccole aziende che crescono dappertutto e la cui forza è l'imitazione.

Il modello di sviluppo è abbastanza tipico: si apre un'impresa, poi il capo operaio si mette in proprio e crea un'impresa identica a quella dalla quale è uscito e nella quale si è formato professionalmente. Così nascono tante imprese uguali fra di loro, in cui la forza vera è il saper fare, le cosiddette «mani d'oro» di cui abbiamo parlato a proposito degli artigiani di Parigi. La tecnologia si diffonde in modo elementare: il bar, la parrocchia, la piazza diventano luoghi dove ci si scambiano le informazioni. In queste città non esiste il segreto aziendale. Appena un imprenditore ha una macchina nuova, un'idea nuova, un prodotto nuovo, tutto viene moltiplicato per cento. La concorrenza è ferocissima ma il progresso tecnico è incredibilmente rapido, e il Paese avanza. Evidentemente questo tipo di sviluppo ha dei limiti. Non possono nascere imprese fondate sulla scienza e vedremo che questo è un grosso limite. Ci si è mai chiesti perché i settori che si sono sviluppati seguendo i processi precedentemente descritti sono quelli del mobile, della meccanica, dell'oreficeria, dell'abbigliamento e non esistono distretti, ad esempio, dell'industria chimica? Il motivo è che l'industria chimica non può andare avanti per imitazione, ma ha necessità di ricerca scientifica, di studi approfonditi. È difficile vedere un processo e imitarlo in modo elementare come accade nell'industria meccanica, e questa è una delle ragioni per cui il Paese è rimasto indietro nell'industria chimica: non abbiamo – per la complessità stessa della produzione chimica – un meccanismo di diffusione dell'apprendimento immediato, diretto, come quello verificatosi in tutti gli altri settori prima citati.

Bisogna inoltre aggiungere un'altra spiegazione del rapido sviluppo industriale descritto in precedenza: in queste città l'industriale nuovo ha un fortissimo prestigio sociale e l'invidia sociale è una delle macchine di sviluppo più efficienti, più forti.

La generazione che ho cercato di descrivere è stata anche una generazione di ingiustizie, con rapidi arricchimenti e, nella prima fase, con un elevato livello di evasione fiscale. Purtroppo la prima generazione di sviluppo industriale è sempre una generazione di grande disparità ed iniquità a cui si deve cercare di porre rapidamente rimedio.

Il «meccano»

Naturalmente ciò che ho spiegato a proposito delle imprese «uguali» fra di loro ed insediate nella stessa città non è l'unico modello esistente: c'è infatti anche quello che io chiamo del «meccano industriale». Nei distretti in cui si producono delle macchine complesse, ad esempio, vi è un'altra tipologia abbastanza tipica dell'Italia. In questi distretti non può nascere la grande impresa, e allora tante imprese nascono vicine non più producendo la stessa cosa, ma ognuna specializzandosi su un componente di una macchina che poi viene assemblata. Chi produce gli ingranaggi, chi la parte elettrica, chi fa le fusioni, chi fa i processi di lavorazione a caldo: ognuno si occupa di un solo tassello del mosaico producendo nella maniera più specializzata ed efficiente, cosicché la macchina finale è composta dal sistema e non dalla singola impresa. Ho visitato in Emilia-Romagna un'impresa di macchine per imballaggio, leader mondiale delle macchine per imballare il thé. «L'Emilia Romagna» mi dice il mio accompagnatore «è un ambiente particolarmente favorevole per lo sviluppo dell'industria meccanica perché può giovarsi della disponibilità sia di ottime scuole che forniscono giovani molto preparati sul piano teorico e pratico, sia di una rete di artigiani capaci e qualificati che possono fornire una serie di componenti necessari per la costruzione di macchine automatiche. Questo pezzo, ad esempio,» prosegue il mio interlocutore, indicandomi un componente della grande macchina per il confezionamento delle bustine da thé, «richiedeva fino a qualche anno fa alcuni mesi di fabbricazione. Oggi può essere realizzato in poche ore sfruttando i nuovi mezzi di comunicazione fra noi e gli artigiani e i nuovi metodi di lavorazione più flessibili».

La fabbrica è molto più moderna ma la logica è quella di trent'anni fa. Un'impresa crea il progetto, organizza il sistema e centinaia di artigiani portano il loro contributo con la produzione di un pezzo specializzato. Questo sviluppo industriale ha avuto le sue saghe: Dallas probabilmente non è niente in confronto. Mi ricordo un'impresa di marito e moglie (spesso sono imprese familiari) che a un certo punto si separarono. Allora la moglie aprì un'impresa iden-

TUTTI I NUMERI DEI DISTRETTI PRODUTTIVI ITALIANI

		Provincia	Prodotto	A Aziende (numero)	B Addetti (numero)	C Fatturato (miliardi)	D Export (miliardi)	B/A	C/B milioni	D/C %
1	Murano	VE	Vetro	256	2.000	150	53	7,8	75	35,3
2	Cadore	BL	Montature occhiali	424	6.000	875	456	14,2	146	52,1
3	Montebelluna	TV	Calzature sportive	701	8.204	1.237	866	11,7	151	70,0
4	Castelgoffredo	MN	Calze donna	422	7.500	654	362	17,8	87	55,4
5	Monferrato	AL	Freddo industriale	26	3.000	480	336	115,4	160	70,0
6	Lumezzane	BS	Lavorazione metalli	983	7.000	950	428	7,1	136	45,1
7	Omegna	VERBANIA	Casalinghi	440	6.000	950	180	13,6	158	18,9
8	Arzignano	VI	Concia	600	7.050	3.087	2.315	11,8	438	75,0
9	Solofra	AV	Concia	150	3.500	900	585	23,3	257	65,0
10	Sassuolo	MO	Ceramiche-piastrelle	220	21.400	4.052	2.600	97,3	189	64,2
11	Barletta	BA	Calzature	308	3.163	600	294	10,3	190	49,0
12	Casarano	LE	Calzature	67	3.177	560	180	47,4	176	32,1
13	Prato	PRATO	Tessile-abbigliamento	11.850	48.000	5.150	2.575	4,1	107	50,0
14	Frosolone	IS	Coltelli	9	130	11	1	14,4	85	9,1
15	Ascoli Piceno-Macerata	AP-MC	Calzature	2.434	24.265	2.547	520	10,0	105	20,4
16	Cerea-Bovolone	VR	Mobili	3.000	15.000	1.300	120	5,0	87	9,2
17	Carrara	MS	Marmo	1.200	9.000	2.300	1.800	7,5	256	78,3
18	Valduggia	VC	Valvole	110	1.400	350	240	12,7	250	68,6
19	Biella	BIELLA	Tessile-abbigliamento	2.300	29.000	6.000	1.800	12,6	207	30,0
20	La Spezia	SP	Cantieristica	22	5.000	1.077	220	227,3	215	20,4
21	Viadana	MN	Scope-spazzole-pennelli	120	1.300	79	12	10,8	61	15,2
22	Gardone Valtrompia	BS	Armi	100	4.000	500	350	40,0	125	70,0
23	Imperia	IM	Olio d'oliva	7	500	500	100	71,4	1.000	20,0
24	Carpi	MO	Tessile-abbigliamento	2.630	13.120	1.740	470	5,0	133	27,0
25	Castelfidardo	AN	Strumenti musicali	400	3.150	222	109	7,9	70	49,1
26	Santo Stefano	VA	Bilance e affettatrici	150	1.450	156	65	9,7	108	41,5
27	Manzano	UD	Sedie	800	2.500	1.250	812	3,1	500	65,0
28	Matera	MT	Mobili-salotti	80	2.120	400	80	26,5	189	20,0
29	Pesaro	PS	Mobili	1.000	10.000	1.600	200	10,0	160	12,5
30	Civita Castellana	VT	Ceramiche-sanitari	43	2.000	200	100	46,5	100	50,0
31	Brianza	MI-CO	Mobili	9.100	30.000	5.000	900	3,3	167	18,0
32	Santa Croce	PI	Concia	880	10.000	2.500	500	11,4	250	20,0
33	Odolo	BS	Tondino	8	1.064	750	300	133,0	705	40,0
34	Vigevano	PV	Macchine per calzature	90	3.000	600	350	33,3	200	58,3
			e calzature	50	800	400	300	16,0	500	75,0

		Provincia	Prodotto	A Aziende (numero)	B Addetti (numero)	C Fatturato (miliardi)	D Export (miliardi)	B/A	C/B milioni	D/C %
35	Valenza	AL	Oreficeria	1.300	7.500	1.500	750	5,8	200	50,0
36	Varese	VA	Antifurti	100	3.000	300	225	30,0	100	75,0
37	Mirandola	MO	Biomedicale	80	2.300	360	180	28,8	157	50,0
38	Vicenza	VI	Oreficeria	1.100	10.000	3.000	1.800	9,1	300	60,0
39	Premana	LECCO	Forbici-coltelli	140	1.000	80	28	7,1	80	35,0
40	Brenta	PD	Calzature	890	10.000	450	333	11,2	45	74,0
41	Palosco	BG	Compassi	25	200	30	21	8,0	150	70,0
42	Teramo	TE	Tessile-abbigliamento	1.150	15.700	650	108	13,7	41	16,6
43	Settimo Torinese	TO	Penne pennarelli	200	4.000	500	350	20,0	125	70,0
44	Reggio Emilia	RE	Macchine agricole	100	7.500	1.000	500	75,0	133	50,0
45	Tolentino	MC	Pelletteria	120	2.000	800	360	16,7	400	45,0
46	Como	CO	Seta	1.800	17.300	4.300	1.800	9,6	249	41,9
47	Buddusò	SS	Granito	110	1.300	350	140	11,8	269	40,0
48	Thiesi	SS	Formaggio	6	290	80	70	48,3	276	87,5
49	Calangianus	SS	Sughero	120	2.800	115	69	23,3	41	60,0
50	Canneto	MN	Bambole	5	500	50	10	100,0	100	20,0
51	Cembra	TN	Porfido	154	1.600	115	50	10,4	72	43,5
52	Alto Livenza	PN	Mobili	400	6.000	2.000	600	15,0	333	30,0
53	Cento	FE	Meccanica	340	5.000	n.d.	n.d.	14,7	n.d.	n.d.
54	Cusio	NO	Rubinetti	300	4.200	850	500	14,0	202	58,8
55	Empoli	FI	Tessile-abbigliamento	650	7.000	n.d.	n.d.	10,8	n.d.	n.d.
56	Bassano	VI	Mobili	500	2.500	1.000	175	5,0	400	17,5
57	Maniago	PN	Coltelli	200	1.180	89	44	5,9	75	49,9
58	Grumello del Monte	BG	Bottoni e macchine per bottoni	128	1.740	280	184	13,6	161	65,7
59	Val Fontanabuona	GE	Ardesia	100	800	80	48	8,0	100	60,0
60	Gallarate	VA	Ricami	390	2.000	270	11	5,1	135	4,1
61	Possagno	TV	Coppi	10	250	60	2	25,0	240	3,3
62	Parma	PR	Prosciutto	215	2.500	1.200	144	11,6	480	12,0
63	S. Daniele	UD	Prosciutto	26	700	450	81	26,9	643	18,0
64	Salerno (1)	SA	Trasformazione pomodoro	130	30.000	1.500	500	230,8	50	33,3
65	Reggio Emilia	RE	Parmigiano reggiano	230	800	500	30	3,5	625	6,0
Totale (2)				**51.999**	**446.453**	**71.086**	**29.692**	**8,6**	**164**	**41,8**

(1) Tra gli addetti sono compresi i lavoratori stagionali.

(2) Il fatturato per addetto è calcolato escludendo dal denominatore gli occupati dei distretti per i quali mancano i dati di fatturato.

Fonte: Il Sole 24 Ore

tica e si mise a produrre in concorrenza con l'impresa del marito. Episodi di questo genere sono infiniti, ma in fondo, qual è il segreto di questo sviluppo? Quello che Michael Porter nel suo libro più recente, *Il vantaggo competitivo delle nazioni*, dice essere il segreto dello sviluppo giapponese, cioè una fortissima competizione sul mercato domestico: la feroce concorrenza fra le imprese, sul mercato nazionale, produce infatti un forte progresso. È, semplificando, la vecchia teoria del grande economista Joseph Schumpeter, che parlava appunto di «distruzione creatrice» perché creava, come abbiamo visto, la ricchezza, anche se, evidentemente, tante imprese fallivano.

I distretti poi diventano adulti; non abbiamo più soltanto le fabbriche che fanno, ad esempio, le scarpe a Vigevano, ma assistiamo alla nascita delle fabbriche di macchine per fare le scarpe. Vigevano è un caso interessantissimo, perché in questo distretto alcuni piccoli artigiani sono riusciti a mettere in enorme difficoltà la American Shoe Machinery Co., che era il monopolista mondiale delle macchine per fare le scarpe. Ma come è successo? Il processo è piuttosto semplice: un artigiano avvia una fabbrica per fare i tacchi, un altro una fabbrica per cucire le tomaie, un altro una per fare le suole, portando così concorrenza al colosso americano da varie parti. Fino a ridurlo alla resa. Sassuolo, per fare un altro esempio, non è soltanto un centro di produzione ed esportazione di piastrelle, bensì un centro di esportazione verso le aree extra europee di macchine per fabbricare le piastrelle. Queste ultime hanno addirittura superato in percentuale l'esportazione delle piastrelle stesse.

Nella loro crescita i distretti si sono anche diversificati. Un esempio che può essere anche divertente ci viene dal distretto di Gallarate, Legnano e Busto Arsizio: oggi vi opera una fabbrica per la lavorazione del salmone affumicato. Cosa c'entra il salmone affumicato con Busto Arsizio? Niente, ma quando il settore originario diventa adulto, l'imprenditore innovatore trova occasioni anche al di fuori dell'industria tipica e della vocazione tradizionale del distretto.

«Oltre venticinque anni fa» mi dice il proprietario della fabbrica di Busto Arsizio «per me, giovane imprenditore, l'idea di poter realizzare la più moderna e grande fabbrica al mondo di salmone affumicato a ciclo completo rappresentava un grande stimolo ed una sfida affascinante, essendo l'area in cui dovevo operare tipica dell'industria tessile e manufatturiera. Oggi, dopo venticinque anni, la nostra società è azienda leader del mercato. Processiamo e lavoriamo duemilacinquecento tonnellate di materia prima: salmone affumicato. Però i nostri impianti e le nostre strutture sono predisposti alla produzione e al processo di ottomila tonnellate di salmone affumicato. Non a caso la nostra società è stata chiamata per fornire progetti e know how per la realizzazione chiavi in mano di stabilimenti analoghi proprio nei paesi di origine anglosassone; a mio modesto avviso questo è il massimo riconoscimento che poteva derivare dal nostro lavoro».

Ecco ora la risposta a un'altra delle nostre domande. Per resistere alla moderna competizione industriale, occorre essere grandi? No. Non occorre essere necessariamente grandi, ma occorre essere fortissimi in una piccola nicchia di mercato, specializzata. Non è la dimensione assoluta che conta, ma il potere di mercato nel singolo specifico settore o segmento del mercato. Così l'Italia, che è caratterizzata da una struttura industriale molto «frammentata» ed ha in media meno di dieci addetti per impresa, una dimensione assai inferiore rispetto a quella di tutti gli altri grandi Paesi europei, può ancora resistere nella competizione internazionale.

Certo, questo non vale in assoluto; sempre seguendo la nostra logica del contrappunto riflettiamo sull'esperienza recente di una grandissima impresa: la General Electric. Ho chiesto al suo presidente, Jack Welch, che è il responsabile della rivoluzione strategica della sua impresa, perché la General Electric, che costruisce ancora locomotive, motori, macchine, adesso si dedica sempre di più ai servizi sofisticati. Chi come lui guida un grande gruppo come la General Electric, immagina che sia possibile avere a disposizione un sistema di informazione veramente globale, che crei un collegamento tra azienda, amministrazione pubblica e singolo individuo?

«Credo» risponde Welch «che ci siano le premesse, il potenziale, perché questo accada, indipendentemente dal fatto che si intenda collegare contemporaneamente tutti questi componenti. Questa è un'altra questione. È chiaro oramai che le aziende possiederanno nel futuro dei «network» globali, in grado di comunicare con ognuno dei loro dipendenti in qualsiasi momento. I governi e le attività al servizio del consumatore usufruiranno degli stessi sistemi. Ora, il fatto che sia effettivamente possibile mettere in comunicazione diretta tutti questi uffici simultaneamente è vincolato dalla questione della «privacy», dello scopo che ci si propone e da altre problematiche. Credo che ci sia il potenziale, ma rimane da chiedersi di che cosa si abbia veramente bisogno».

Che impatto avrà, chiedo ancora a Welch, un «network» di informazione globale sull'organizzazione interna delle aziende, per richiedere e fornire servizi di qualsiasi tipo, sulla vita quotidiana dell'individuo?

«Una parola sola: velocità. Cambierà la velocità con cui ognuno di noi lavora. Le aziende dovranno condurre le operazioni di marketing più velocemente, dovranno sviluppare le idee per nuovi prodotti più velocemente, dovranno fare tutto più velocemente. Velocità sarà la parola chiave. Questo rappresenterà, inoltre, una sfida nella vita privata di ognuno di noi, proprio perché il ritmo di lavoro nel mondo intero verrà accelerato. Il problema della massima utilizzazione del tempo-lavoro sottoporrà l'individuo a una maggiore pressione. Mantenere l'equilibrio tra la qualità della vita in famiglia e il lavoro sarà sempre più difficile. Questa a causa dell'aumento del ritmo delle varie attività dovuto al nuovo e molto più rapido sistema di informazione globale che renderà ogni tipo di informazione disponibile per chiunque, istantaneamente. La vittoria andrà a coloro che sapranno cogliere le opportunità nella maniera più veloce».

Lo sviluppo delle tecnologie dell'informazione e dei sistemi d'informazione ha dato nuova forma all'organizzazione delle aziende. Ci può spiegare come? È accaduto lo stesso anche alla General Electric?

«Di nuovo una risposta breve, in due parole che riassumono il tutto: struttura orizzontale» risponde il presidente della General Electric. «Nel momento in cui ognuno avrà a disposizione la stessa informazione istantaneamente e contemporaneamente, sarà in grado di agire immediatamente, non dovrà attendere gli ordini del dirigente appartenente al livello superiore. Quando una informazione viene data simultaneamente a tutti, ognuno ha la possibilità di agire più velocemente. Il problema qui alla General Electric era che persone diverse non riuscivano ad ottenere le stesse informazioni contemporaneamente e, anzi, ricevevano informazioni discordanti filtrate dai diversi strati dell'organizzazione. Ora hanno accesso agli stessi dati nel medesimo momento e possono agire senza perdere tempo. Di conseguenza non avranno più bisogno di tutta la vecchia gerarchia dell'organizzazione dell'azienda. L'intera struttura gerarchica di controllo scompare. Ricevere direttamente le informazioni consente di agire velocemente per la conquista del mercato globale».

La lezione che ci viene dalla General Electric – presa a simbolo della grande impresa tecnologicamente avanzata – è che essa contrattacca con tutte le nuove tecnologie, conquistando sempre nuovi mercati. Non dimentichiamo che, sotto molti aspetti, questa risposta è simile a quella data dai giapponesi e sulla quale abbiamo già riflettuto nel precedente capitolo.

A questo punto diviene fondamentale porci questa ulteriore domanda: come hanno risposto negli anni Ottanta i nostri distretti? Hanno risposto con le uniche forze che avevano, cioè con un grandissimo progresso nell'innovazione di processo. Hanno automatizzato, meccanizzato tutto quello che era possibile. Sono giunti a livelli di efficienza e di produttività molto elevati. Leggiamo nei libri che in Giappone ci sono fabbriche senza operai, ma non occorre andare in Giappone per vederle, basta andare a Sassuolo. Ormai, nelle fabbriche di ceramiche, lungo tutto il processo produttivo non si trovano operai, ma solo tecnici che fanno sorveglianza. Questo è il frutto del grande processo di automazione degli anni Ottanta.

Queste nostre imprese dei distretti sono giunte ad esportare, in media, oltre il 40% della propria produzione. Però, qual è il limite del nostro modello? Fare innovazioni di processo è più facile che non fare innovazioni di prodotto: si acquista il macchinario dall'esterno, lo si compone, si rifanno le linee produttive, ma non c'è bisogno di grandi investimenti nella ricerca e nello sviluppo, non c'è bisogno di laboratori. Infatti queste imprese i laboratori non li hanno. Tocchiamo così i limiti del sistema produttivo italiano.

Prendiamo i nuovi prodotti degli anni Ottanta. Possiamo elencarne tanti: videoregistratori, telefonini portatili, fax, piccole fotocopiatrici, e l'elenco potrebbe andare oltre: ebbene, non troviamo neanche un prodotto inventato in Italia, non troviamo neanche un prodotto in cui la bilancia commerciale italiana sia attiva. Ogni nuovo prodotto diventa un segno «meno» per la nostra bilancia commerciale. Questa esaltazione che ho fatto del piccolo è giusta; però, quando ci sono queste grandi sfide nei settori ad alta tecnologia, la battaglia dei piccoli diventa difficilissima. Come vedremo nelle parti successive del libro, i mercati si ampliano, ma aumentano anche i concorrenti (basti pensare ai paesi dell'Europa dell' Est): tutto l'orizzonte competitivo si muove. Quindi il sistema delle piccole imprese ha grandi virtù, ma ha grandi difficoltà quando bisogna precedere e gestire il cambiamento, perché le piccole imprese non hanno dentro di sé la forza per poter fare da sole. Il problema si pone quando la piccola impresa ha bisogno di strutture che non ha al proprio interno. Quali sono queste strutture? Sono il sistema dei trasporti e delle comunicazioni, che stiamo trattando in questo ambito; il sistema della formazione e della ricerca, a cui sarà dedicato il prossimo capitolo, e il sistema finanziario di cui tratteremo successivamente. Senza queste reti esterne, la piccola impresa difficilmente potrà tenere nel prossimo futuro il ritmo che l'ha tradizionalmente contraddistinta. Purtoppo l'Italia in questi tre sistemi ha dei limiti molto grandi.

Parigi, Hong Kong, New York...

L'industria ha assolutamente bisogno di efficienti reti di comunicazione. Ciò ormai vale anche nei fatti normali della vita. Se prendiamo ad esempio il principale quotidiano economico italiano, «Il Sole 24 Ore», ci accorgiamo che viene stampato nella stessa notte a Milano, Roma, Verona e Catania. Un giornale che non abbia questa possibilità non riesce più a tenere il passo con la concorrenza. Un grande giornale internazionale come l'«International Herald Tribune», che possiamo acquistare in qualsiasi edicola italiana a duemiladuecento lire, viene stampato nello stesso momento a Parigi, Londra, Zurigo, Hong Kong, Singapore, l'Aja, Marsiglia, New York, Roma, Tokio e Francoforte. Per le piccole imprese la necessità di essere inserite nelle grandi reti mondiali di comunicazione diventa inderogabile. Tutto questo è reso possibile da innovazioni tecnologiche formidabili, quali la comunicazione via satellite che ha rivoluzionato e sta rivoluzionando tanti settori industriali. Ma i sistemi di comunicazione comprendono anche strumenti molto più semplici. Ad esempio lo stesso sistema distributivo, che è uno dei primi problemi che deve affrontare un'impresa, è una rete, semplice quanto si vuole ma che deve funzionare per portare il prodotto al mercato.

Ciò che è importante, ai fini del funzionamento del sistema economico, è che tutte le diverse tecnologie e le diverse modalità di comunicazione siano collegate fra di loro. Le reti stradali, ferroviarie, di telecomunicazione, i sistemi di trasmissione dati, insomma tutte le reti della società moderna, non possono vivere isolatamente. E questo è, invece, il grosso problema del nostro Paese: la mancanza di un «network», cioè di una rete di collegamento. Un'osservazione semplice: non c'è nessun aeroporto italiano, salvo quello di Pisa, che sia collegato con la ferrovia o con la metropolitana. Non lo è la Malpensa, l'unico aeroporto intercontinentale del Nord Italia, non lo è Linate e lo è solo in teoria l'aeroporto di Fiumicino. Dico in teoria perché sono stati impiegati quasi vent'anni per costruire la ferrovia tra Fiumicino e la città di Roma, ma poi questa ferrovia arriva sostanzialmente nel deserto. Infatti (ironia della sorte) arriva in un posto che i romani chiamano «la Piramide». Quasi a sottolineare che invece di entrare nella metropolitana o andare in stazione come accade in tutti i Paesi del mondo, arriva... nel deserto. Questi esempi non sono casuali, servono a sottolineare la mancanza di interrelazioni fra le diverse reti e le diverse infrastrutture del nostro Paese. E servono soprattutto a sottolineare la mancanza a una "cultura di sistema". Questo provoca ai nostri piccoli imprenditori (e non solo a loro) dei grandissimi problemi; eppure reti integrate dovrebbero essere l'obiettivo di ogni Paese moderno. Come è più facile la vita per un passeggero, o anche per una compagnia aerea, in uno dei tanti posti dove il treno porta direttamente in aeroporto e dove, sul treno, si può fare l'accettazione, consegnare i bagagli, cioè compiere tutte quelle operazioni che da noi si fanno solo a terra! È il caso del treno che parte da Colonia e arriva all'aeroporto di Francoforte: il passeggero parte dall'albergo e non ha più nulla da fare fino a che non sale sull'aereo.

Ho espressamente citato l'aeroporto di Francoforte, ma potrei citarvi qualsiasi altro aeroporto del mondo; escluso quello di New York, infatti, quasi tutti gli altri sono legati a un sistema. Solo in Italia questa cultura di sistema non c'è.

Abbiamo di fronte a noi una grande occasione, cioè la costruzione di quei sistemi ferroviari comunemente chiamati «ad alta velocità», che sono sostanzialmente il raddoppio del nostro sistema ferroviario laddove il traffico è maggiore. È l'occasione per «legare» la ferrovia ai parcheggi, agli snodi autostradali, agli aeroporti, alla metropolitana e, soprattutto, per legarla al vecchio sistema ferroviario in modo che le cento città del nostro Paese possano davvero essere collegate e non solo con Milano, Bologna, Roma e Napoli, ma anche fra di loro con un sistema «a rete», necessario per un Paese moderno.

Sempre a proposito di realizzazioni di sistemi a rete, un altro esempio che mi ha molto colpito è quello di Eurodisney, l'ultimo grande investimento inaugurato in Europa. Può sembrare anche un esempio fatuo ma, qualsiasi sia il suo successo economico, dà l'idea di che cosa significhi una cultura di sistema. Tutto è integrato: non solo il parco dei divertimenti, non solo gli alberghi, non solo i parcheggi ma le autostrade, il treno ad alta velocità, la metropolitana, e tutto in un'unico sistema. E non crediate che tutto questo avvenga per caso. La testimonianza che abbiamo raccolto a Parigi dal direttore di Eurodisney, Robert Fitzpatrick, è un vero e proprio programma sui modi con cui realizzare sistemi complessi. «Dopo aver deciso di costruire un parco Disney in Europa,» racconta Fitzpatrick «abbiamo cominciato a cercare un posto adatto nel 1984. Abbiamo visitato centinaia di posti in Italia, Germania, Francia e alla fine eravamo indecisi fra Barcellona e Parigi. Abbiamo scelto la Francia perché è il centro turistico dell'Europa, come posizione geografica e come densità di popolazione.

Abbiamo siglato il primo accordo nel 1986 con il primo ministro Fabius ed il secondo nel 1987 con il primo ministro Chirac. Abbiamo avuto un validissimo sostegno da cinque ministri di cinque partiti diversi. Tutti hanno confermato l'impegno francese a sostenere questo progetto e grazie a questo valido aiuto siamo stati in grado di rispettare i tempi e i preventivi, per costruire quello che pensiamo sia il principale luogo di vacanze e divertimento in Europa. La nostra prima fase, che è costata quattro miliardi di dollari (oltre cinquemila miliardi di lire), è ora completata. Abbiamo questo parco con cinque splendidi scenari che permettono alla gente di viaggiare attraverso il tempo e lo spazio. Ci sono sei alberghi, ciascuno dei quali rappresenta un'ambientazione diversa, tutto questo è oggi aperto al pubblico e siamo pronti a ricevere i visitatori. Nello stesso tempo stiamo preparando la seconda fase del progetto che consiste nell'apertura di un altro parco nel '95, mentre già ne è ipotizzato un terzo per l'anno Duemila. Il governo francese ha partecipato con diversi contributi e ha investito in infrastrutture come autostrade, svincoli e collegamenti; per il sistema Disney abbiamo già la stazione della metropolitana di Parigi e avremo una stazione del TGV, la ferrovia ad alta velocità che sarà inaugurata nel '94 e che è stata un'ulteriore importante collaborazione da parte del governo. Quando abbiamo cominciato, nell'87, eravamo in due, io e una segretaria, oggi siamo quattordicimila. Il 70% sono francesi, e il restante 30% è costituito da europei di tutte le nazioni, perchè i nostri ospiti saranno per la maggior parte europei. Abbiamo esaminato quattro o cinque persone per ciascuno degli assunti, perchè vogliamo persone molto motivate e ospitali. Devo proprio dire che adesso abbiamo una squadra magnifica di cui siamo tutti entusiasti».

Fitzpatrick, in questa intervista, dice tre cose estremamente importanti. *Primo*: ha realizzato questo progetto da cinquemila miliardi di lire con il supporto di cinque primi ministri francesi e con l'accordo di tutti i partiti politici. *Secondo*: coerentemente, il governo ha costruito tutta la rete di infrastrutture necessaria. *Terzo*: in Francia si sono creati quattordicimila posti di lavoro e una struttura che, per la bilancia dei pagamenti, avrà delle conseguenze di enorme importanza.

In conclusione dobbiamo fare un'ultima riflessione. Abbiamo visto l'importanza delle diverse reti di comunicazione e di telecomunicazione e la necessità di un legame fra le stesse: ma non dimentichiamo che la rete delle reti è il governo.

4.
L'uomo e il gioco di squadra

Le domande che fanno da sfondo a questo capitolo, dedicato alla scuola, sono semplici e interessano molto da vicino il nostro Paese. *Primo*: la scuola e il mondo produttivo debbono continuare ad essere separati? *Secondo*: possiamo arrivare al Duemila in modo concorrenziale senza investire nella scuola molto più di quanto stiamo facendo oggi? *Terzo*: nella sfida tra l'America e il Giappone, l'Europa riuscirà a dare una risposta mediante la scuola? *Quarto*: è realizzabile in Italia la formula su cui è fondato lo sviluppo della Germania, «cento scuole per cento città»? *Quinto*: in Giappone il 95% degli studenti va a scuola fino a diciotto anni: possiamo noi italiani far finta di niente? E forse vi è una *sesta* domanda, se volete più popolare e più ingenua: un Paese può essere ricco e stupido per più di una generazione?

La leggenda delle risorse naturali

Noi abbiamo vissuto fino ad oggi credendo in una leggenda, e cioè credendo che le risorse naturali siano la base della ricchezza di un Paese. Per noi l'immagine della ricchezza di una nazione è sempre stata legata ai campi di grano senza confini degli Stati Uniti, alle miniere di carbone della Gran Bretagna, oppure al petrolio del Medio Oriente. Tutto questo è semplicemente sbagliato.

Queste idee non erano così chiare due secoli fa per i grandi padri della scienza economica, e gli economisti anche allora non erano d'accordo fra di loro. Thomas R. Malthus (1766-1834) riteneva che le risorse naturali fossero per definizione limitate e che il progresso tecnico non potesse fare niente per superare questo limite. David Ricardo (1772-1823) giungeva quasi alle stesse conclusioni, anche se in modo un po' più tormentato. Adam Smith (1723-1790), invece, pensava che le risorse naturali fossero importanti, ma che l'innovazione nella tecnologia e nell'organizzazione del lavoro avrebbe potuto portare a superarne i limiti. Quindi, per Smith, le frontiere erano più avanzate.

Dopo due secoli io credo che possiamo essere più ottimisti di Smith: personalmente, io lo sono. Esaminando i dati della crescita economica di questo dopoguerra vediamo che i vincitori, se dobbiamo fare una classifica, sono due Paesi che non dispongono di risorse naturali e che, quindi, hanno dovuto basare il loro sviluppo sulla tecnologia e sull'intelligenza. Parlo della Germania e del Giappone. Ci sono anche altri esempi che possiamo citare e che vanno nella medesima direzione: pensiamo alle fonti d'energia, che sono sempre state identificate col problema delle risorse naturali. La Francia non ha gas metano, non ha petrolio ma esporta energia elettrica in grandissima quantità: è uno dei più grandi esportatori di energia elettrica del mondo (tra l'altro, anche noi importiamo energia elettrica dai francesi).

Ritornano, in sostanza, alla luce le domande che ci siamo posti all'inizio di questo nostro cammino. Che cosa determina la ricchezza di un Paese? Perché un Paese diventa ricco? Sempre più la ricchezza di un Paese deriva, in poche parole, dallo sviluppo delle risorse umane e dal fatto che queste lavorino fra di loro in modo armonico. Ritornano con forza gli ingredienti di cui abbiamo già parlato nelle parti precedenti, cioè il «cervello» (e soprattutto la scuola che forma le risorse umane) e la «solidarietà» (e quindi un sistema sociale che vede come protagonisti tutti i membri della società e non soltanto una piccola parte di essi).

Facciamo due esempi: il primo riguardante l'ex Unione Sovietica, l'altro il Giappone. Partiamo dall'ex Unione Sovietica (non sappiamo più come chiamarla, ormai). È un Paese che ha una grande tecnologia, risorse naturali e un sistema scolastico moderno, nel senso che insegna in modo diffuso e generalizzato. Ma è un Paese che non riesce a trovare le proprie regole: quelle che abbiamo chiamato di solidarietà e quelle per la diffusione delle innovazioni tecnologiche; manca l'intreccio fra i protagonisti, in una parola manca il «gioco di squadra» che aiuta a premiare i singoli per il contributo che questi danno allo sviluppo complessivo della società. In Unione Sovietica la difficoltà di oggi è proprio quella di trovare le regole per dare vita ad un gioco di squadra.

La «produzione» si ferma in laboratorio

Un esempio tratto dalla mia concreta esperienza di questi anni può far capire come l'eccellenza tecnologica non sia sufficiente per garantire lo sviluppo. Alcuni anni fa, nel corso di un incontro ad altissimo livello fra un gruppo di ingegneri e tecnologi italiani ed i rappresentanti di alcuni fra i più importanti laboratori scientifici dell'ex URSS – incontro promosso per analizzare le innovazioni che potevano essere utilmente scambiate – è accaduto un episodio particolarmente istruttivo. Uno scienziato sovietico presenta agli italiani una importantissima innovazione nel campo biomedicale (che è una delle nuove frontiere della tecnologia), già ampiamente sperimentata. «Quanti di questi apparecchi avete prodotto?» domanda uno degli scienziati italiani. E lo scienziato sovietico risponde: «Uno, questo». E aggiunge: «Io sono un ricercatore; il mio compito è quello di inventare un nuovo apparecchio e di sperimentarlo. Non è mio compito passare dall'innovazione alla produzione». Ecco cosa significa, purtroppo, la mancanza di una rete per la «diffusione» delle innovazioni.

L'economia funziona davvero se è completa la catena *invenzione-innovazione-diffusione* all'interno del sistema economico.

L'esempio opposto a quello dell'ex URSS ci viene dal Giappone. È un Paese povero di risorse naturali – forse è l'unico Paese al mondo più povero dell'Italia – ma possiede tecnologie di punta ed è fortemente orientato alla formazione delle risorse umane. È un Paese con un sistema di regole molto sofisticato e finalizzato a rapporti stretti fra gli uomini. Rapporti continui, obbligati, quotidiani. Il Giappone non solo spinge avanti le invenzioni ma soprattutto le traduce in innovazioni e le incorpora in un prodotto che poi viene commercializzato. Tutta la catena del valore di un bene viene condotta in un gioco di squadra continuo.

Comunemente si dice che il Giappone abbia copiato i prodotti degli altri. In passato è stato certamente vero, ma qual è il Paese che non ha cominciato copiando? Noi non abbiamo forse cominciato copiando? Ora però il Giappone è il Paese che investe più di ogni altro al mondo nelle attività di «ricerca e sviluppo». Essere bravi nell'invenzione non vuole però dire essere bravi anche nella commercializzazione del prodotto. Facciamo degli esempi interessanti. Il videoregistratore è stato inventato dalla Philips, in Europa, ma i giapponesi lo hanno studiato, perfezionato, miniaturizzato, ne hanno ridotto i costi di produzione, ne hanno aumentato l'affidabilità, lo hanno adattato alle esigenze dei consumatori e infine hanno conquistato tutto il mercato internazionale. Il tutto in modo estremamente rapido e, per tornare al concetto di prima, lavorando con squadre diverse ma tra loro continuamente connesse, in continuo contatto, all'opposto di quanto è accaduto nell'ex Unione Sovietica. L'esempio del videoregistratore si può moltiplicare per moltissimi prodotti diversi: la fotocopiatrice è stata inventata negli Stati Uniti e i giapponesi ne hanno conquistato il mercato mondiale. E così per tanti componenti elettronici, memorie, eccetera. È inutile compilare nei minimi dettagli questa lista di prodotti perché non ci serve. Ci serve, invece, capire che nessuna struttura isolata (scientifica o produttiva che sia) può dare un grosso contributo allo sviluppo economico. Il sistema economico è retto da un gioco di squadra e la squadra è l'elemento vincente.

Il problema diviene allora quello degli «attori»: cioè a dire, chi insegna ai giocatori a giocare, chi forma la squadra? Risiede qui il grande ruolo della scuola. Non c'è altra struttura forte e importante come la scuola in una società moderna. In questa sede, si badi bene, non vogliamo affrontare il tema della scuola in sé – non sono uno specialista della materia – ma riflettere sulla sua importanza per lo sviluppo economico-sociale di un paese. La storia di questi anni ci insegna che chi più ha investito nella scuola, anche fra i Paesi che si sono affacciati recentemente allo sviluppo economico, più sta andando forte. Consultando gli annuari delle Nazioni Unite troviamo, in paesi quali Singapore, Taiwan, Corea del Sud, Thailandia, Malesia, Indonesia, una correlazione molto forte fra investimenti nella scuola (più in generale nella formazione delle risorse umane) e ritmo del progresso economico. Visitando questi Paesi si scopre che sono pieni di bambini scalzi, che invece della cartella hanno un sacchetto di plastica, ma che, col loro bel grembiulino pulito, vanno tutti a scuola. Questi Paesi domani saranno fortissimi.

Rigore alla giapponese, happening all'americana

Dobbiamo anche dire che questa grande «miniera», questa forza che trasforma l'uomo e la società – la scuola – non è omogenea, è diversa da Paese a Paese. Ecco due interviste che mi sembrano estremamente interessanti perché ben rappresentano questa diversità.

Dice Tanaka Shishuka, studente giapponese: «Mi chiamo Tanaka Shisuka, ho diciassette anni e sono uno studente del secondo anno della scuola superiore. La mia giornata è molto piena e programmata, e io mi impegno molto perché penso che tutte le persone debbano prepararsi fin da giovani per avere conoscenza e senso civile. Mi alzo tutti i giorni alle sei di mattina per arrivare a scuola alle otto e trenta. Le lezioni durano sei ore e finiscono alle quindici e trenta. Per tre volte alla settimana frequento anche i corsi integrativi necessari per migliorare la mia preparazione. Gli altri giorni, se ho tempo, faccio attività di gruppo con i miei compagni. In Giappone la selezione è molto dura e inizia fin da bambini. Le materie di studio sono divise fra obbligatorie e complementari, ma devo impegnarmi in tutte per competere duramente con i miei compagni, soprattutto adesso che stiamo per affrontare gli esami d'ammissione all'università. Gli esami sono severi e solo i migliori saranno promossi. Per questo io frequento anche la Iubiko, la scuola privata che prepara agli esami d'ammissione. Io penso che questo sistema sia giusto perché spinge a dare il meglio di sé, la pressione è molto forte. Le differenze sono a volte troppo accentuate e non aiutano a crescere i meno preparati, che restano schiacciati dalle responsabilità».

Florence, studentessa americana, descrive invece così la sua esperienza scolastica: «Mi chiamo Florence, ho quattordici anni e frequento l'ottava classe. Ogni mattina esco di casa verso le otto per andare a scuola dove le lezioni iniziano alle otto e quaranta e finiscono alle tre del pomeriggio. Nel mio istituto siamo milleduecento e frequentiamo corsi diversi: scienze, studi classici, programmi di scoperta, anche l'accademia Columbus. I corsi sono integrati nei diversi indirizzi e a volte nella stessa aula si trovano insieme sezioni diverse. La scuola è molto severa e tutti gli studenti devono entrare e uscire alla stessa ora. Ma non è tanto difficile: basta stare attenti a quello che dicono i professori. Forse dovrebbero aumentare le ore di ginnastica, mi sembrano poche. È una buona scuola e io mi trovo abbastanza bene anche se mi devo alzare presto la mattina e a volte devo studiare il pomeriggio per due o tre ore. Comunque io mi impegno molto perché ci tengo ad essere tra i migliori ed essere iscritta nell'albo d'oro della scuola. In futuro vorrei essere qualcuno che fa qualcosa per gli altri, vorrei aiutare la gente a risolvere dei problemi, non so, quello del buco nell'ozono, dell'inquinamento».

Credo che non ci possano essere espressioni di diversità più interessanti di queste due interviste. Da una parte rigore, un ordine molto formalizzato. Dall'altra un certo senso dell'happening e una possibilità di scelta così ampia da correre sempre il rischio di finire nell'indeterminatezza. Il dibattito sulla scuola domina oggi la scena americana, però non viene presa nessuna decisione. In televisione non si discute altro che della crisi del sistema scolastico. Continuamente vengono riportati sui giornali gli esiti dei confronti internazionali nei test di fisica o matematica in cui gli studenti americani si classificano alle spalle non solo degli studenti della maggioranza dei Paesi europei, ma anche di moltissimi Paesi degli altri continenti. Tutto questo sta producendo un dramma nazionale. I *media* e gli intellettuali giustamente sostengono che questa debolezza porterà alla rovina l'America, ma di concreto non si fa nulla, anche se il presidente Bush al momento del suo insediamento, nel 1989, aveva detto: «Sarò il presidente della riforma scolastica».

Perché queste indecisioni? Perché questa *impasse*? È molto semplice. Perché la riforma scolastica costa, e dopo gli anni Ottanta non c'è più stato un politico americano che annunciasse al suo elettorato l'intenzione di aumentare le tasse, perché tutti quelli che hanno fatto così hanno poi perso le elezioni. È una situazione drammatica: si conosce la malattia, si sa qual è la diagnosi, ma non si riesce a elaborare una terapia.

Le scuole dell'eccellenza

Naturalmente il discorso della crisi della scuola non vale (e questo è un fatto interessante perché non dobbiamo confondere i problemi) per le grandi università americane. Le università di punta degli Stati Uniti sono le migliori del mondo. Ma perché non riescono a incidere su tutto il sistema economico? Perché toccano il tre o il quattro per cento della popolazione e questo non basta per modificare la realtà di un sistema economico.

Questo naturalmente si riproduce nella struttura industriale americana. Gli Stati Uniti continuano a dominare nelle tecnologie di punta, nell'aeronautica, in alcuni componenti elettronici, nella strumentazione dell'avionica, nei satelliti. Ma in tutti i settori in cui il problema è la qualità media delle persone che lavorano, in cui il problema è di avere tantissimi protagonisti, ebbene, in tutti questi settori – e sono tanti: l'elettromeccanica, l'abbigliamento, il tessile, la siderurgia, l'industria meccanica, automobilistica, la maggior parte insomma dei settori industriali – l'America sta perdendo terreno per la scarsa qualificazione delle sue risorse umane. Per approfondire questo aspetto, vitale per la rinascita industriale degli Stati Uniti, sono andato a Boston per sentire l'opinione del professor Lester Thurow. Egli non solo è il preside della Business School del Massachusetts Institute of Technology (MIT), ma è anche il massimo studioso americano dei rapporti tra la scuola e il mondo economico. Il suo ultimo libro, pubblicato recentemente e intitolato *Testa a testa*, è dedicato alla sfida fra l'America, il Giappone e l'Europa per la supremazia.

Quando gli ho domandato se ritiene che sia necessario riformare profondamente il sistema scolastico degli Stati Uniti, il professor Thurow ha risposto: «Negli Stati Uniti la qualità dell'educazione universitaria è probabilmente la migliore del mondo. Ma se si guarda a quei giovani che dopo la scuola media superiore decidono di non frequentare l'università, l'istruzione non è invece delle migliori rispetto a quella degli altri Paesi industrializzati. Se poi si passa al 30% dei giovani che si ritira dalla scuola media superiore, allora diventiamo Terzo Mondo. C'è bisogno di una enorme ristrutturazione a partire dal basso, di un miglioramento del livello medio».

Ho poi domandato se gli americani siano disposti a pagare più tasse per riformare il sistema scolastico. «Penso» è la risposta «che siano probabilmente disposti a pagare tasse alte se si offre loro un sistema scolastico diverso. Io sono disposto a pagare più tasse se questo serve a costruire un sistema migliore, in grado di offrire un prodotto di alta qualità, ma non ho intenzione di regalare più soldi per il sistema attuale».

È poi nell'ultima parte della nostra chiacchierata che Lester Thurow ha fotografato le reali mancanze del sistema educativo americano: «Il fatto è che non abbiamo un programma per chi decide di non andare all'università. I Paesi che hanno un grosso successo economico come il Giappone o la Germania hanno tutti un sistema educativo post-media superiore. I tedeschi hanno il loro apprendistato, i giapponesi hanno i training nelle loro imprese, i francesi utilizzano l'1% dell'IVA come fondo per l'apprendistato dei dipendenti. Non avere questo tipo di programma è la lacuna maggiore nel sistema scolastico americano».

Il professor Thurow è stato chiaro. Quello dell'America è proprio un bel pasticcio perché nessuno è disposto a pagare più tasse se non è sicuro che avrà una scuola migliore, ma non si riesce ad avere una scuola migliore se non si pagano più tasse. Il dibattito continua e, a tutt'oggi, decisioni negli Stati Uniti non ne sono state prese.

L'America è un grande Paese ed è capace, se sente un allarme diffuso, di reagire nel suo insieme proprio come ha fatto quando i russi hanno mandato il primo uomo nello spazio. Finora però questo allarme non sembra essere abbastanza forte da toccare il cuore e, soprattutto, il portafoglio degli americani. Comunque il pensiero di Thurow, al di là dell'amara riflessione sul suo Paese, è di una chiarezza esemplare: la scuola che conta per lo sviluppo economico non è quella d'élite – o perlomeno non è solo questa – ma quella che si estende alla generalità dei cittadini: a tutto il Paese.

Le scuole del «saper fare»

Consideriamo ora il sistema economico tedesco che ha da sempre, direi dal Medio Evo, perseguito con tenacia l'obiettivo di coinvolgere nel processo di apprendimento tutto il Paese. Ho visitato due scuole nel Baden Württemberg; una è una semplice scuola di mestiere, l'altra è una scuola tecnica di livello più generale. Il Baden Württemberg è una regione tedesca paragonabile – dal punto di vista economico-produttivo – ad una regione italiana; ha lo stesso numero di abitanti della Lombardia ed è, come reddito medio, leggermente meno ricca dell'Emilia Romagna, ma ha una rete di scuole tecniche che è di molte volte superiore a quella di tutta l'Italia. Questa è la grande sfida.

Quali sono le caratteristiche del sistema scolastico tedesco? Prima di tutto tanti anni di scuola: in Germania l'obbligo scolastico è fissato fino ai diciotto anni (emerge subito la grande differenza con la nostra situazione: in Italia siamo ancora fermi ai quattordici anni). Inoltre dopo la scuola dell'obbligo non vi è solo l'università, ma una pluralità di indirizzi che corrispondono alle diverse vocazioni dei ragazzi, ai loro diversi talenti e anche alle diverse esigenze del sistema produttivo. Viene quindi affrontato e risolto con maggiore ampiezza il problema della domanda e dell'offerta di istruzione. In Germania vi sono scuole tecniche raffinate più direttamente legate alle esigenze dell' industria, ma vi sono anche moltissime semplici scuole in cui si impara un mestiere. Tutti vanno a scuola: anche per imparare a fare il fornaio, il pasticcere, il parrucchiere. Inoltre queste scuole non solo insegnano un mestiere, ma stimolano una delle cose più importanti che una società deve avere: l'orgoglio del proprio mestiere. La scuola è anche lo strumento di appartenenza a una professione, insegna non soltanto a svolgere ma anche ad essere parte di una professione, di una classe sociale. La formazione poi non avviene solo per i ragazzi; infatti nel corso della vita i fornai, i pasticceri, e così via si aggiornano periodicamente sulla tecnologia e, più in generale, su tutte le cose che si debbono imparare per fare bene un mestiere.

Il sistema della scuola tecnica post-secondaria che affianca l'università è diventato, negli ultimi dieci anni, una delle nuove caratteristiche dell'Europa; dunque il sistema tedesco si è andato diffondendo anche negli altri grandi paesi industrializzati come la Francia e la Gran Bretagna. Prendiamo ad esempio la Francia. Su un totale di 1.380.000 iscritti alle scuole successive alla scuola media superiore, solo ottantamila frequentano le grandi scuole: questi rappresentano l'élite del Paese, quelli che probabilmente saranno i massimi dirigenti della Francia; cinquecentomila frequentano l'università, e quasi ottocentomila le scuole applicate. In Gran Bretagna gli studenti delle scuole tecniche sono in numero superiore agli studenti delle facoltà universitarie in senso stretto. E pensare che la Gran Bretagna non aveva tradizione di scuole tecniche. In Spagna la rivoluzione è cominciata più tardi ma sta avvenendo. È molto importante riflettere su questo: non credo che si

LE ISCRIZIONI ALL'ISTRUZIONE SUPERIORE

Anno 1988-89	*Totale iscritti*	*Tasso di aumento in 8 anni*	*Nuove iscrizioni*	
			n.	*%*
FRANCIA				
Totale «cicli brevi»	757.000	134	319.000	100
* Università (2° e 3°)	505.000	n.d.	—	—
* Ecoles	80.000	146	—	—
Totale	1.381.000	—	—	—
GERMANIA FEDERALE				
* Università	1.105.000	134	170.000	70
* Fachhochschulen	343.000	170	73.000	30
Totale	1.448.000	141	243.000	100
GRAN BRETAGNA				
* Università	350.000	109	62.000	50
* Polytechnics Colleges	385.00	136	61.000	50
Totale	735.000	122	123.000	100
SPAGNA				
* Scuole universitarie tecniche	87.500	168	20.300	11
* Scuole universitarie	203.500	160	56.200	29
Totale ciclo breve	291.000	163	76.500	40
* Scuole tecniche superiori	63.900	139	9.600	5
* Facoltà	672.000	158	106.000	55
Totale ciclo lungo	735.900	157	115.600	60
Totale	1.027.000	158	192.100	100

Fonte: elaborazione AF Forum - Il Sole 24 Ore, 1992.

possa essere un Paese moderno quando l'alternativa è fra pochi che vanno all'università e gli altri che stanno a casa, poiché in questo caso si coltiva solo una parte del Paese.

L'Europa va nella direzione che abbiamo visto. Il problema non è di avere qualche scuola applicata – anche in Italia ne abbiamo, e ne vedremo qualche esempio – ma di averne un'intera rete, come vera alternativa agli studi universitari dove il numero degli studenti che completano gli studi sul totale degli iscritti è relativamente basso (circa il 30%), con uno spreco enorme di risorse umane. Se la scuola è strumento di pochi, non può essere l'elemento di promozione e di uguaglianza delle opportunità che abbiamo detto essere la sua principale funzione.

Su questo punto nessuno ci poteva dare un chiarimento più approfondito di Sir Ralph Dahrendorf, l'uomo che più di tutti in Europa si è occupato del problema della giustizia sociale, della promozione delle nuove classi, dell'equità. Quando ho chiesto a Dahrendorf perché la scuola è alla base dell'equità e della giustizia sociale la risposta è stata di una chiarezza esemplare: «La chiave per la giustizia sociale è costituita dalle opportunità, dalle possibilità. Opportunità che permettono alle persone di sfruttare al meglio i loro talenti, di scegliere nella società, di scegliere nel mercato del lavoro, di scegliere riguardo agli aspetti politici e sociali. Le opportunità sono provocate da una cosa soprattutto: dall'istruzione, dalla scuola. Tutte le ricerche svolte dimostrano che la scuola è lo strumento più efficace per dare agli individui quelle opportunità che sono alla base della vita e di cui hanno bisogno. Questo è vero non soltanto per le famiglie borghesi, ma soprattutto per coloro che sono svantaggiati. Per questi, l'accesso alle opportunità della vita è procurato solo dalla scuola, dall'istruzione».

Ho già avuto modo di accennare alla diversità con cui in Europa, un'area ricca e industrialmente sviluppata, viene affrontato il tema della scuola. Traendo profitto dall'incontro con Dahrendorf ho voluto approfondire i diversi approcci seguiti dai governi nazionali: «Ci sono enormi differenze all'interno dell'Europa» dice Dahrendorf. «La Gran Bretagna, per esempio, come in passato, pone una grande enfasi sull'educazione universitaria e sull'educazione dei migliori. La Germania, d'altro canto, ha posto in grande rilievo l'addestramento professionale, mentre ha lasciato il sistema universitario e l'educazione secondaria in una situazione molto strana e forse di bassa qualità. Così l'osservazione chiave da fare a proposito delle nazioni europee è che ci sono molte diversità. Mi auguro che si possa abbinare il meglio: che si possa porre l'accento sull'addestramento professionale per tutti abbinandolo con la qualità dell'educazione che si può ottenere in Gran Bretagna; ma questo è un auspicio, non una previsione con basi solide».

I cento fiori della nuova Europa

L'ultimo passaggio della nostra conversazione non poteva non toccare il tema della nuova Europa: se i sistemi sono diversi fra di loro lo saranno anche nella nuova Europa?

«È difficile rispondere alla domanda se debbano essere diversi. Il fatto è che lo sono, così la domanda da farsi è: cosa dovremmo fare? Dovremmo avere un sistema scolastico identico dappertutto o dovremmo avere – per usare un termine preso in prestito dal campo monetario – convertibilità? Io sono un grande fautore della convertibilità e non dell'uniformità. In altre parole dobbiamo trovare il modo di essere sicuri che chi ha frequentato un sistema abbia la possibilità di operare in un altro sistema in un altro Paese. L'obiettivo, in altre parole, è di avere diplomi convertibili piuttosto che avere tutti lo stesso sistema. Questo è veramente un principio importante della cooperazione europea».

Dahrendorf ci ha insegnato, in fondo, una lezione abbastanza semplice, e cioè che democrazia non significa andare a votare ogni cinque anni, ma avere un sistema capace di fare in modo che tutte le persone siano in grado di dare un contributo al loro Paese. Questa è la nuova società che in Europa bisogna creare e, come abbiamo sentito, realizzarla è soprattutto un dovere della scuola.

Cerchiamo dunque di capire se il sistema scolastico italiano corrisponde a queste tendenze della nuova Europa. In sostanza, riuscirà l'Italia ad avere, nelle nuova Europa, un sistema scolastico adeguato alle necessità? Negli scorsi decenni abbiamo fatto progressi. C'è stato un aumento del tasso di scolarizzazione molto forte, senza dubbio, ma il confronto con gli altri Paesi è demoralizzante. Siamo, insieme alla Grecia, l'unico Paese europeo con l'obbligo scolastico ancora fermo a soli quattordici anni. Dobbiamo capire una cosa semplice: un ragazzo che non va a scuola almeno fino a diciotto anni non può essere un elemento pienamente attivo per la società. Non riesce a interagire con la società moderna. L'obbligo della scuola, e non dico fino a sedici, ma fino a diciotto anni è fondamentale per il nostro Paese.

Il primo problema da affrontare è simile a quello americano: dove prendere le risorse da investire nella scuola. Abbiamo intitolato questa raccolta di lezioni *Il tempo delle scelte* perché non possiamo ignorare che ci troviamo di fronte a precise scelte da compiere. Io penso che i mezzi economici ci siano, ma devono essere trovati nel prolungamento dell'età pensionabile: non c'è assolutamente alcuna altra soluzione.

La vita media, nella nostra società, si è notevolmente allungata: in Italia gli uomini, in media, vivono quasi settantaquattro anni, mentre le donne quasi ottant'anni. Siamo il quarto Paese nel mondo in termini di vita media. Da qui nasce l'esigenza dell'allungamento della vita lavorativa, altrimenti le risorse per il prolungamento dell'obbligo scolastico per i nostri ragazzi non si troveranno mai. La società del Duemila è caratterizzata da una vita media più lunga e richiede perciò più anni di scuola e una vita lavorativa più lunga. Proprio il contrario della nostra attuale situazione. Solo riformando questa anomalia potremo recuperare risorse da investire nella scuola.

Il menu unico

Un altro problema del nostro sistema educativo è costituito dal menu di studi unico. Noi abbiamo un solo curriculum post-diploma, cioè gli studi universitari, mentre tutti gli altri Paesi dell'Occidente, come abbiamo visto, hanno una struttura estremamente differenziata. Una prima riforma, da poco introdotta nel nostro ordinamento, è quella che ha istituito i corsi universitari di «primo livello»: le co-

DIPLOMATI E LAUREATI NEI PAESI OCSE
(Per mille coetanei - anno 1987)

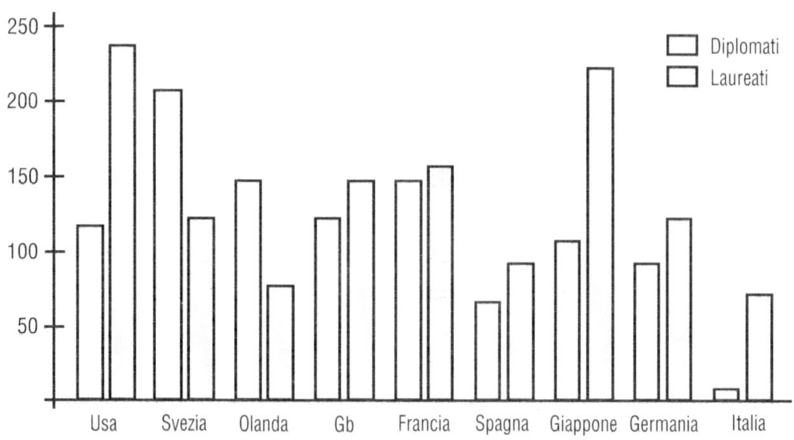

Fonte: Il Sole 24 Ore

siddette lauree brevi. Dato che sono state istituite dobbiamo in fretta metterle in atto e farle operare nel modo migliore possibile. Attualmente i diplomati nei corsi universitari, in Italia, sono un numero irrisorio. Nei Paesi europei i diplomi universitari assorbono, in media, circa il 40% degli iscritti all'università, in Italia ne assorbono il 3-4%, praticamente una quantità inesistente.

Questo però non basta: se guardiamo agli esempi stranieri, attivare le lauree brevi non è sufficiente. Vi è tutto un altro campo da esplorare, che è quello dell'istruzione fuori dall'università: il campo delle scuole tecniche superiori, quello in cui la Germania ha indicato la via a tutta l'Europa, imitata dalla Gran Bretagna e dalla Francia. Dobbiamo lavorare immediatamente per l'evoluzione del nostro sistema in questa direzione. Attenzione, questo è importante, perché molte intelligenze non sono valorizzate dagli studi universitari (essenzialmente teorici): sono quelle intelligenze indirizzate maggiormente verso le attività «applicate», operative, orientate più all'azione che all'analisi. Non possiamo più permetterci di sprecare tutte queste risorse umane.

Ciò non significa dare la scuola in mano all'industria. Purtroppo alcuni anni fa si è sviluppato nelle università italiane il famoso movimento della «pantera», che accusava l'università di sacrificare la sua autonomia per diventare uno strumento dell'industria. Detto in altri termini, si paventò il rischio di una «scalata» dell'università da parte dell'industria. Io ho acquisito esperienze anche nell'industria e devo dire che purtroppo non l'ho mai vista entusiasta di finanziare o di costruire rapporti con l'università. E credo che questa separatezza fra l'università e il mondo produttivo sia tragica. Anzi, non è solo il mondo produttivo, ma tutto il mondo esterno che deve avere rapporti con l'università: debbono stabilirsi rapporti tra l'università e la pubblica amministrazione, i grandi enti pubblici economici, le strutture sanitarie, tutte le componenti della società esterna. Naturalmente la scuola esige un grande impegno da parte delle amministrazioni locali, come abbiamo visto nel caso del Baden Württemberg, dove l'amministrazione regionale coordina tutte le scuole. Non scuole temporanee, provvisorie, ma una rete robusta di grandi scuole.

In queste scuole però non vengono forniti soltanto gli insegnamenti tradizionali. I docenti di professione insegnano le materie fondamentali, quelle di base, mentre l'aggiornamento tecnologico o professionale viene in buona parte dall'esterno, dalle esperienze portate in aula dagli imprenditori e dai manager. È da questo incrocio che nasce la scuola applicata; se permane la separazione non può nascere una scuola applicata. Io credo che questo sia un argomento importantissimo. Naturalmente la scuola deve essere anche legata alla vocazione produttiva dell'area. In questo senso il coordinamento della regione e dell'ente locale diventa fondamentale. Qualche esempio di collaborazione fra imprese, enti locali e istituzioni scolastiche lo abbiamo anche da noi.

Cento scuole per cento città

Io credo, però, che abbiamo bisogno soprattutto di un sistema forte, di un sistema che riesca a valutare, coordinare, moltiplicare ed estendere tutte le sperimentazioni, e a portarle ad un ordine organico. Abbiamo bisogno di cento scuole per cento città. L'Italia è un Paese fatto di tante città con realtà anche diversissime fra loro e la scuola deve essere una rete che le congiunge. Facciamo un esempio. La Lombardia: se teniamo conto del reddito procapite, è più ricca del Baden Württemberg; dovrebbe quindi essere coperta da una rete di scuole tecniche legate fra di loro. Naturalmente a Milano dovrebbero esserci praticamente tutti i tipi di scuole, dal marketing alla automazione di fabbrica, dall'elettronica specializzata alla gestione aziendale e così via.

Ma nelle singole città dovremmo avere scuole più attente alla specifica vocazione locale. Certo, scuole per il commercio estero o per la gestione aziendale ci potrebbero essere ovunque, ma a Lodi servirebbe una scuola per le produzioni casearie e per tutti i prodotti agricoli legati al latte. A Mantova una scuola vicina a tutta l'industria dell'abbigliamento che si è sviluppata in quell'area. A Brescia, naturalmente, una scuola legata alla lavorazione dei metalli, la vera specializzazione locale. Ogni città ha una vocazione specifica e ad essa dovrebbe corrispondere una scuola volta alla formazione dei tecnici. Questa è la rete delle cento scuole per le cento città. È la rete che può tenere insieme l'industria italiana del domani, perché la scuola ha anche la grande funzione di favorire lo sviluppo economico di un Paese. Certamente questo discorso non riguarda soltanto l'Italia settentrionale, ma tutto il Paese.

È valido dal Piemonte fino alla Sicilia. Qualcuno può anche aver paura – una paura giustificata – che nel Nord, dove l'imprenditorialità è più articolata, dove l'organizzazione e la struttura collettiva sono più forti, si facciano scuole migliori che non nel Sud. Questo è assolutamente possibile. Ma io credo che il nostro Sud abbia bisogno di esempi forti per muoversi. Credo che lo star fermi, il far star fermi tutti, come propugnava la filosofia della «pantera», non giovi proprio a nessuno. Io spero che questi esempi da imitare diventino davvero «infettivi». Star fermi non giova, ripeto, a nessuno. Infine, c'è un altro problema: tra i desideri delle famiglie italiane uno dei più diffusi è quello di far studiare i propri figli all'università, affinché ottengano il titolo di «dottore», perché si pensa che questo garantisca la carriera. Gli studenti delle scuole tedesche che abbiamo prima esaminato fanno carriera. Molti dei grandi dirigenti delle imprese tedesche non vengono solo dalle università tradizionali, ma anche dalle scuole tecniche. Non sono il residuo del sistema economico; anzi ne sono una delle parti forti. Non credo che possiamo ritardare ulteriormente nel creare queste cento scuole per le cento città.

Siamo andati a cercare qualche segno di queste scuole. Qualcuna c'è già, anche antica: per esempio una scuola che ha più di cento anni a Conegliano Veneto, zona del vino. «È una scuola in cui si lavora parecchio» mi dice una studentessa ventenne. «Si studia, si hanno delle ore pratiche, non c'è solo la teoria; partiamo dalle materie classiche che si studiano in ogni scuola, come italiano e storia, religione, materia facoltativa, francese, lingua che si studia fin dalle medie; quindi c'è chi studia inglese e anche tedesco. Poi ci sono le materie tecniche: estimo, contabilità di cantina, meccanica enologica e due ore di degustazione alla settimana, infine viticoltura ed enologia».

Riformare il nostro sistema scolastico nelle tante direzioni che ho cercato di indicare (innalzamento dell'età dell'obbligo, lauree brevi effettive, scuole tecniche superiori), richiede certamente un ingente volume di risorse sia pubbliche che private. Ma questo è il grande investimento della nostra società verso il Duemila. Senza un decisivo passo in questa direzione noi non ce la faremo. Io mi auguro solo che questa riflessione possa diventare anche una ricetta per il nostro Paese.

Voglio concludere con una nota di speranza, che ci viene da una scuola materna di Reggio Emilia, l'asilo Diana, indicato dal celebre settimanale americano «Newsweek» (2 dicembre 1991) come una delle dieci migliori scuole del mondo, la migliore della sua categoria.

È una scuola materna, ma io credo che a lavorare insieme si debba cominciare sin da bambini.

5.
Stato e mercato: l'arbitro e i giocatori

Parlando – in questo quinto capitolo – di Stato e mercato l'immagine che mi viene alla mente è quella dell'*arbitro* e dei *giocatori*. Le domande a cui dobbiamo rispondere sono di grande rilievo in una società democratica ed industrializzata come la nostra: si può vivere senza Stato e senza serie forme di regolamentazione? Qual è il confine tra pubblico e privato nella società del nostro tempo? Quali sono le conseguenze finali per un Paese che limita la spesa sociale? Quanti sanno che l'Italia è il Paese europeo con il maggior numero di imprese pubbliche? Infine, perché solo in Italia, e in nessun altro Paese d'Europa, abbiamo avuto fino ad ora due Ministeri che disciplinano l'industria? Oggi vengono mosse durissime critiche alla presenza dello Stato nell'economia e al ruolo stesso dello Stato.

Io, invece, vorrei partire da un punto di vista molto semplice, anche se può non essere condiviso da tutti: non può avvenire uno sviluppo economico duraturo senza Stato, poiché esso è alla base dell'economia moderna.

Naturalmente lo Stato, fin dalle sue origini ha sempre esercitato alcune funzioni fondamentali nella vita di un Paese: l'amministrazione della giustizia, la garanzia dell'ordine pubblico, la funzione della difesa; ma nell'ultimo secolo è andato svolgendo sempre nuove funzioni: alcune da solo, altre in concorrenza, altre ancora in collaborazione coi privati, funzioni che prima non erano esercitate dallo Stato. Si tratta di compiti, oggi, divenuti essenziali – anche se in misura diversa – in tutti gli Stati del mondo: l'istruzione, la sicurezza sociale per la protezione dei più deboli, la sanità.

Lo stato Sociale, la più grande conquista del XX secolo

Lo Stato ha assunto nell'ultimo secolo un impegno nuovo, quello di proteggere i più deboli e di ricostituire uguali condizioni di partenza per tutti i cittadini. Questo impegno è chiamato comunemente «Welfare State» – l'espressione italiana che ne rende meglio il senso è «Stato sociale» – sviluppatosi soprattutto dopo la *grande crisi* del 1929 in tutti i Paesi occidentali per garantire i cittadini sia nelle condizioni di disoccupazione, che nella vecchiaia nei momenti di malattia.

Lo Stato sociale ha trovato la sua formulazione definitiva nell'immediato dopoguerra in Gran Bretagna. Comunemente si ricorda la dottrina di Lord Beveridge, sintetizzata con un'espressione un po' particolare: «dalla culla alla bara». Lo Stato cioè protegge i cittadini più deboli dalla culla sino alla bara, in ogni fase della vita, senza per questo sostituirsi ad essi. Nell'analizzare l'incremento del ruolo dello Stato nell'economia può sembrare strano che si parta da questi fatti. Tuttavia il «Welfare State», lo Stato sociale è, a mio avviso, la più grande conquista del ventesimo secolo, che avendo diffuso la giustizia sociale nella maggior parte dei Paesi sviluppati. Non per tutti, purtroppo, ma tre quarti (o due terzi) dei cittadini di ogni Paese ad alto livello di sviluppo godono in questo momento dei benefici dello Stato sociale. È nostro obbligo superare questo dato e arrivare fino all'ottanta, al novanta per cento, possibilmente a tutta la popolazione. Ancora non siamo a questo punto, ma di fronte alle ingiustizie, alle «piramidi» del vecchio Stato classista, questa mi sembra una sfida di grandissima importanza. Rivolgendomi in modo particolare ai giovani vorrei dire loro che in ciò risiede – io credo – la vera, profonda motivazione per fare politica: *estendere le condizioni di parità, estendere la giustizia sociale al maggior numero di cittadini possibile.*

Se questa è la premessa, allora dobbiamo capire perché lo Stato in questo secolo sia entrato così profondamente anche nell'economia, provocando una serie di problemi sui quali dobbiamo riflettere. Alla luce del quadro che ho ora disegnato, come mai vi sono tante critiche – per la maggior parte giustificate – sull'intervento dello Stato nell'economia?

Lo Stato contemporaneo – se mi è concessa una metafora – ha vissuto vicende simili a quelle di un famoso aereo militare in dotazione in questo dopoguerra a tutte le truppe della NATO, italiane comprese: l' F104, chiamato anche Star Fighter.

Era un aereo per quei tempi perfetto, fornito di ogni apparecchiatura moderna, ma si è verificato che gli Star Fighter in dotazione all'aviazione tedesca precipitavano più di tutti gli altri. Cosa era successo? Questo aereo, nato per portare un numero massimo di otto razzi, veniva dai tedeschi sovraccaricato con dodici, sedici razzi; così in caso di particolari manovre l'aereo precipitava. Questo – fuor di metafora – è ciò che spesso accade allo Stato moderno quando assume funzioni eccessive. La crisi dell'intervento publico in economia – emersa con forza negli anni Ottanta – non dipende dal fatto che lo Stato non debba assumere funzioni importanti nella società, bensì dal fatto di avere assunto un peso eccessivo.

Molto spesso, inoltre, la spesa sostenuta dallo Stato è gestita in modo inefficiente. Non dovendo rispondere a nessuno, abbiamo tutta una serie di sprechi, che non si verificano nell'amministrazione famigliare, nella vita quotidiana di ognuno di noi. Ecco allora la grande reazione degli anni Ottanta contro l'intervento dello Stato nella vita pubblica.

La signora Thatcher e il presidente Reagan

Questi fatti sono diventati dottrina politica in America con il presidente Reagan, in Gran Bretagna con la signora Thatcher. Il decennio trascorso passerà alla storia come l'età di Reagan perché gli Stati Uniti sono un Paese molto grande, potente e influente sulla vita economica mondiale, ma questo movimento politico è stato inizialmente elaborato dalla signora Thatcher. Si tratta di un movimento che aveva come suo cardine la volontà di escludere lo Stato dalla maggior parte delle funzioni ridondanti che aveva via via assunto, per tornare, in un certo senso, alle funzioni elementari elencate all'inizio. Lo Stato deve da un lato impiegare le sue risorse in modo efficiente e non disperderle dappertutto. Dall'altro lato però deve essere presente nel processo di sviluppo dei singoli e della società. Quali sono, perciò, i confini tra l'intervento e il non intervento dello Stato? Quali sono i confini fra pubblico e privato? Vi sono campi in cui tali confini sono abbastanza ben definiti. In tutti i Paesi occidentali, e ora anche nei Paesi ex comunisti, è ormai un fatto comune pensare che la proprietà delle imprese esposte alla concorrenza nazionale ed internazionale debba essere privata. Imprese agricole, imprese industriali quali quelle che producono beni alimentari, elettrodomestici, automobili, macchine utensili, imprese commerciali, imprese creditizie sono nella maggior parte dei Paesi di proprietà privata. Questo non significa che in tali ambiti non ci siano e non ci debbano essere rigide regole che lo Stato deve costruire e far rispettare. Infatti nel mondo occidentale sono state introdotte progressivamente durissime regole (non solo codici di comportamento) che prevedono l'intervento dello Stato nei confronti delle imprese che non rispettano le regole della concorrenza. Le leggi a tutela della concorrenza sono istituite per impedire che un giocatore non rispetti le regole del gioco. Sono quindi fondamentali per la vita economica di ogni Paese. Abbiamo tracciato confini molto semplici, molto precisi. Vedremo che esistono eccezioni (soprattutto in Italia) ma, tutto sommato, questi confini sono ritenuti abbastanza pacifici.

C'è però un campo estremamente importante in cui in alcuni casi lo Stato è proprietario e in altri non lo è, per il quale il confine è molto più difficile da definire: si tratta dei cosiddetti «monopoli naturali», che rappresentano una situazione di mercato in cui è conveniente o addirittura necessario che ci sia un solo produttore. Pensiamo al gas metano che arriva in casa nostra: non possiamo certo avere due tubi, non è conveniente. Pensiamo al telefono: è difficile avere più collegamenti di diverse società telefoniche nella stessa casa. Pensiamo alle ferrovie, a ipotetici binari paralleli o che fanno lo stesso percorso, e appartengono a società ferroviarie differenti; pensiamo alla rete dell'energia elettrica. In tutti questi ambiti diventa difficile disciplinare la concorrenza, perché è economicamente conveniente che vi sia un solo concorrente.

Ad esempio, il «dispacciatore» dell'Enel è una grande stazione vicino a Roma che distribuisce l'energia elettrica al Paese. Se da qualche parte una centrale viene chiusa, il «dispacciatore» fa in modo che in quella zona arrivi l'energia di altre regioni, o quella importata dalla Francia. Esso costituisce cioè il regolatore del sistema di distribuzione di energia. Così un sistema tanto complesso costituisce davvero un monopolio naturale: in una regione ci potrà essere una sola società che distribuisce energia elettrica.

La situazione non è data però una volta per tutte. Può

accadere che il progresso tecnologico modifichi anche la natura del monopolio naturale. Per tutta una parte del sistema telefonico l'avvento dei telefoni cellulari – i cosiddetti «telefonini» – ha ampliato le possibilità di concorrenza. In molti Paesi ci sono più compagnie telefoniche che concorrono in questo servizio, anche se esse debbono servirsi delle centrali di un'unica compagnia. Esiste un altro caso abbastanza comprensibile: quello dei «pony express», quei ragazzi che distribuiscono la posta, che ha portato una fortissima concorrenza a molti sistemi postali. A loro volta, negli ultimi anni, i pony express sono stati messi in grandissima difficoltà dal fax. Abbiamo così avuto due forti mutamenti concorrenziali in un campo che era tipicamente di monopolio naturale, quello del telefono e delle poste. Il monopolio naturale è importantissimo, pone dei problemi di disciplina, ma – come si è detto – non è immutabile. È necessario tenere presenti questi mutamenti della realtà per stabilire le politiche di regolamentazione più adatte.

Lo Stato «regolatore», lo Stato «proprietario»

Quali sono state le soluzioni scelte per disciplinare il monopolio naturale? Ogni Paese ha seguito una diversa strada, legata alla sua particolare storia politica; ma le soluzioni adottate possono essere ricondotte sostanzialmente a due modelli: al modello statunitense e a quello europeo. Il modello americano è molto semplice: prevede che i «monopoli naturali» siano in mano ai privati, e, contestualmente, che lo Stato imponga una rigida regolamentazione. Un privato possiede la compagnia elettrica del New Jersey, o del Connecticut, ma il governo disciplina i prezzi, i diritti del consumatore, le modalità di pagamento e così via. Il governo crea un quadro disciplinare ben preciso. In Europa, invece, è stata scelta una dottrina completamente diversa: i monopoli naturali, in generale, sono di proprietà pubblica. Gli anni Ottanta hanno visto negli Stati Uniti una ulteriore evoluzione: non tanto in direzione della privatizzazione dell'economia (essa era già privata), quanto in direzione della liberalizzazione o deregolamentazione. Non soltanto i monopoli naturali – che sono tanta parte di un sistema economico moderno – erano e rimangono di proprietà delle imprese private, ma i regolamenti pubblici diventano più limitati. C'è più libertà di movimento per le imprese.

Esempio tipico negli Stati Uniti, è quello del settore del trasporto aereo che è sempre stato privato, ma regolamentato in modo strettissimo. Erano regolamentate dall' autorità federale le rotte, i prezzi e le regole di carico, in modo da proteggere i diritti dei passeggeri, ma anche da ridurre la concorrenza. Praticamente alle compagnie rimaneva come unica arma per farsi concorrenza quella della qualità del pasto a bordo. Per aumentare il numero dei clienti inventavano le cose più strane, come il premio di fedeltà per chi viaggiava con una compagnia: venivano dati i «punti» come per i detersivi. Poi è aumentata la «deregolamentazione» e ogni compagnia ha potuto agire come voleva, limitata solo dalle norme di sicurezza.

Come è andata a finire? Chi ha beneficiato di questa deregolamentazione del mercato del trasporto aereo negli Stati Uniti? Nella prima fase, la battaglia fra le compagnie è stata durissima: con la People Express si viaggiava a prezzi ridottissimi, però ogni viaggiatore doveva portarsi le valigie e il panino in tasca. Altre compagnie invece offrivano tanti lussi e tante possibilità a prezzo più alto. Ne nasceva quindi una concorrenza formidabile, che si è ulteriormente accresciuta con la nascita di una infinità di nuove compagnie. È ricominciata la selezione, si sono verificati fallimenti a catena. Negli ultimi anni i prezzi dei biglietti sono ricominciati a salire mentre il numero delle imprese nel mercato è ora simile a quello precedente.

Un altro esempio di deregolamentazione o liberalizzazione, è quello del servizio telefonico degli Stati Uniti. Questo, fino agli inizi degli anni Ottanta, era di proprietà della grande AT&T (America Telegraph and Telephone) chiamata anche «Mabell», mamma Bell. In seguito alla sentenza emessa dall'autorità *antitrust*, la AT&T è stata divisa in sette compagnie che sono state chiamate «Baby Bell», i bimbi della mamma Bell. Ciascuna di queste compagnie ha il monopolio delle telefonate urbane in una determinata area, ad esempio la California e il Nevada, oppure il New Jersey e la Costa Atlantica, mentre per le telefonate interurbane e internazionali vige la concorrenza. È interessante visitare in Virginia una delle compagnie che hanno contrastato il monopolio delle telefonate interurbane della AT&T.

La testimonianza che ho raccolto illustra con chiarezza gli effetti dell'applicazione della normativa *antitrust*: «Il servizio interurbano ed internazionale negli Stati Uniti è sempre stato monopolio della AT&T, che, inoltre, controllava più all'80% delle società che forniscono servizio urbano. Il Dipartimento di giustizia ha ritenuto che sarebbe stato utile per gli utenti cambiare questa situazione e creare un sistema in cui la concorrenza potesse anche fornire sistemi e servizi interurbani ed internazionali.

Il vantaggio si è visto nei prezzi, che sono scesi notevolmente, e nella grande gamma di servizi che queste società hanno installato per concorrere tra di loro. Ci sono servizi per gli utenti che sono grandi parlatori con l'estero, per quelli che sono grandi parlatori negli Stati Uniti e per gli utenti che hanno bisogni speciali. Quindi si è moltiplicata la gamma dei servizi e i prezzi sono scesi in modo notevole».

È così iniziata in questo settore una intensa concorrenza con benefici effetti sull'innovazione tecnologica. A questo riguardo basti segnalare che vi è oggi una politica diversa per le diverse fasce di clienti: grandi utenti e piccoli utenti hanno carichi diversi.

Privatizzazioni d'oltremanica

Vediamo adesso la risposta dell'Europa. Distinguiamo, prima di tutto, un Paese dagli altri. Negli anni Ottanta la Gran Bretagna è passata dalla dottrina europea della proprietà pubblica dei «monopoli naturali» alla dottrina americana della proprietà in mano ai privati. La Gran Bretagna della signora Thatcher ha realizzato una completa rivoluzione. Di proprietà pubblica sono rimaste solo le ferrovie, e in questo periodo si sta discutendo anche della loro privatizzazione.

Gli obiettivi della signora Thatcher erano parecchi. *Primo*: ridurre il potere dello Stato. *Secondo*: risanare il bilancio pubblico. *Terzo* (anche questo un obiettivo politico): creare molti piccoli azionisti e quindi diffondere la ricchezza e creare una base politica stabile soprattutto a vantaggio del suo partito. Una politica che potremmo dire, ha portato a creare dei nuovi "coltivatori diretti". Si voleva cioè che la diffusione della proprietà delle imprese assumesse il ruolo che era stato in precedenza giocato dalla diffusione della proprietà agricola.

Le quotazioni dei titoli delle imprese privatizzate, in generale, sono andate molto bene. Sono quasi tutte aumentate e si è molto diffuso, fra i cittadini inglesi, l'azionariato. Naturalmente molti di coloro che avevano comprato quei titoli li hanno poi rivenduti, ma si è formato un congruo numero di milioni di nuovi azionisti in conseguenza della privatizzazione delle imprese britanniche.

Cerchiamo, a questo punto, di analizzare più a fondo gli aspetti economici della politica di privatizzazione portata avanti in Gran Bretagna. A tal fine ho intervistato il professor Fleming che è stato capo economista della Banca d'Inghilterra negli anni Ottanta ed è ora capo economista della Banca Europea per la Ricostruzione e lo Sviluppo.

La nostra conversazione ha preso le mosse dalla fine degli anni Settanta, l'inizio dell'era della signora Thatcher. A quel tempo il governo britannico ha proposto una campagna per ridurre l'intervento dello Stato nell'economia. Quali erano – ho chiesto – in quel momento i propositi del governo inglese?

«Il grande cambiamento» risponde Fleming «avvenne con la vendita di alcune grandi aziende di Stato nei primi anni Ottanta, ma i propositi furono raramente attuati con coerenza. Diverse polemiche sorsero in più occasioni. L' accresciuta concorrenza non sempre produsse i vantaggi desiderati, perché la natura delle entrate prodotte dalla vendita di patrimoni è molto diversa da quelle delle entrate che si hanno aumentando le tasse. In quel periodo ci si era anche preoccupati di provare a creare una sorta di democrazia economica nella quale la proprietà fosse più largamente distribuita, e ciò poteva essere ottenuto particolarmente con la vendita di aziende di Stato».

Creare una vasta base di azionariato è più importante per la democrazia economica o per l'efficienza delle imprese?

«È molto difficile motivare gli azionisti a partecipare attivamente alla conduzione dell'azienda, perché ciascuno di loro riceve solo una minima parte dei benefici che derivano dal miglioramento della gestione dell'azienda. Questo per quanto riguarda gli azionisti. Per i dipendenti, invece, i benefici sono molto più tangibili perché sono coinvolti più direttamente nella vita dell'azienda e ne possono modificare il rendimento. In una società come la nostra in cui c'è una certa ineguaglianza tra i redditi è comunque estremamente difficile realizzare una sorta di democrazia economica».

In conclusione domando al professor Fleming quanto può

essere esteso il processo della privatizzazione.

«Dipende da come il governo interpreta la privatizzazione» risponde Fleming «e se ci sono patrimoni statali che possono essere venduti. Vi sono molte possibilità nella scuola e nei servizi sociali di vendere e dare in gestione parte di essi ai privati senza conseguenze negative per gli studenti e gli assistiti. In un ospedale i pasti potrebbero essere cucinati da una ditta privata, le pulizie fatte da un'altra ditta privata.

In una strategia di privatizzazione si possono avere ancora molte buone idee; il problema è di riuscire realmente a privatizzare, cioè passare la mano alle imprese commerciali che davvero distribuiscono i servizi ai cittadini, ai consumatori. Dopo gli anni di governo della signora Thatcher, in cui spesso gli interessi dei privati diventati gestori dei servizi pubblici non sono coincisi con i bisogni della massa dei consumatori, oggi il governo Major sta cercando di cambiare la natura di questo rapporto per proteggere di più il pubblico dei consumatori».

Se è consentito trarre una conclusione dalla testimonianza di Fleming, mi pare di poter dire che gli anni Novanta saranno anni in cui non si tornerà a rendere pubbliche le imprese, ma ci sarà molta attenzione per i diritti dei consumatori.

Francia e Germania: governare le privatizzazioni

Attraversiamo adesso, per così dire, il Canale della Manica, e veniamo alla Francia. In Francia si è verificato un processo molto interessante negli anni Ottanta. Vi erano molte imprese pubbliche e il governo conservatore di Jacques Chirac ha proceduto, fra il 1986 e il 1988, a una serie di privatizzazioni molto intense e molto rapide. Sono stati privatizzati otto grandi gruppi su ventisette gruppi a proprietà pubblica. Otto grandi gruppi fra i quali imprese di grandissime dimensioni come la Saint Gobain, la Compagnia di Suez, la Paribas e questo è stato fatto con estrema rapidità e decisione. Il governo si è insediato nel marzo del 1986, nell'agosto dell'86 erano già state votate le privatizzazioni e in ottobre sono stati pubblicati sulla *Gazzetta Ufficiale* tutti i provvedimenti che stabiliscono con chiarezza le regole della privatizzazione. E cioè che cosa si deve privatizzare, quando e come si deve privatizzare. Senza queste regole, infatti, non si riesce a privatizzare niente. L'esperienza della Francia ha dimostrato negli ultimi anni qualcosa di molto importante: che il ruolo dello Stato è fondamentale nell'economia. Sebbene si riduca la sua presenza diretta, sebbene sia meno importante il suo ruolo di proprietario, lo Stato rimane uno degli attori fondamentali dello sviluppo.

Nel caso della Francia, ha influito sui riaccorpamenti delle imprese, sulla strategia delle imprese stesse, sulle politiche di ricerca e sviluppo. Ha creato tanti partner industriali e laboratori di ricerca.

In breve, ha costruito il «guscio» nel quale l'industria nazionale poteva svilupparsi con profitto. Questo dimostra che lo Stato moderno non è importante in quanto proprietario invadente ma in quanto pone gli obiettivi e suggerisce gli orizzonti di lungo periodo alle imprese. È uno Stato che ha autorità e potere, ma soprattutto ha il compito di disegnare gli obiettivi di sviluppo per il sistema produttivo.

Rimanendo in Europa, vediamo ora l'esperienza della Germania che rappresenta un altro caso estremamente interessante.

In Germania le imprese di proprietà pubblica non erano molte, e le poche esistenti sono state privatizzate con due eccezioni: la Volkswagen e la Lufthansa.

In Germania sono però pubbliche le Casse di Risparmio regionali, le Landesbanken, che costituiscono una realtà economica molto importante, spesso strettamente collegata alle politiche delle regioni. Quindi non vi sono tante Casse di Risparmio di piccole dimensioni (tale è invece il caso del nostro Paese), ma grandi Casse di Risparmio regionali.

Perché ben pochi hanno protestato per queste aziende rimaste pubbliche in un Paese che è il simbolo dell'impresa privata? Nessuno in Italia sa che la Mercedes è privata e che la Volkswagen è pubblica. Perché? Perché nella strategia delle imprese, nella nomina dei dirigenti, nei comportamenti aziendali non c'è nessuna differenza. Da qui è possibile trarre un'altra morale: è importante la differenza tra proprietà pubblica e privata, ma ancora più importante è analizzare quali siano le differenze nei comportamenti delle imprese.

Questo vale sia per decentrare il servizio lavanderie dell'Unità Sanitaria Locale sia per la strategia delle imprese manifatturiere. È un problema, quindi, molto più di comportamenti che non di proprietà. C'è a questo punto un fatto fondamentale che dobbiamo tenere presente: il difficile rapporto fra la politica e l'economia.

Pubblico e privato in Italia

I nostri giovani studiano all'università, nei manuali di Diritto costituzionale, che il fondamento della democrazia moderna è la divisione fra i poteri. Il potere del Parlamento (legislativo), il potere del governo (esecutivo), il potere dei giudici (potere giudiziario) debbono essere separati per garantire gli equilibri democratici di un Paese. Nondimeno, nella democrazia una regola non scritta ancora più importante è quella della separazione del potere politico dal potere economico. Quando fra questi due poteri si crea un corto circuito non c'è democrazia. È allora più facile comprendere perché, in Europa, sono molto importanti la CEE ed il Mercato Comune: perché con l'allargamento del mercato si stanno rompendo alcuni di questi rapporti troppo stretti fra le imprese e i governi dei singoli Paesi. L'impresa, dovendo affrontare una concorrenza a livello europeo, non è più in grado di causare alcun corto circuito col mondo politico nazionale, come avveniva invece nella situazione precedente alla creazione del Mercato Comune Europeo.

Vorrei sottolineare l'importanza dei fattori politici e non solo economici dell'allargamento dei confini dei singoli paesi europei, Italia in testa. Sono tanti i settori interessati e potrei fare degli esempi. Nei lavori pubblici, e più in generale negli acquisti pubblici, dall'allargamento degli appalti alle imprese di tutti i Paesi comunitari (e non riservandoli più alle sole imprese nazionali) nasce una maggiore concorrenza nell'affidamento delle opere pubbliche nell'acquisto del materiale ferroviario, delle locomotive, delle centrali elettriche. La CEE diventa un opportunità importante per l'allargamento del gioco economico e, anche, del gioco democratico.

La situazione italiana è molto diversa da quella degli altri Paesi europei, perché da noi il peso della proprietà pubblica nell'economia è sempre stato superiore a quello di qualsiasi altro Paese occidentale. Oltre ai monopoli naturali (come del resto in tutta la tradizione europea) oltre a qualche impresa (come abbiamo visto in Gran Bretagna, Francia e Germania) *in Italia interi settori manufatturieri, una parte consistente del terziario (il sistema bancario, ad esempio), sono dominati dalla presenza pubblica*. Nel sistema bancario le grandi banche sono tutte pubbliche, pur con una diversa natura giuridica: il Credito Italiano e la Banca Commerciale sono dell'IRI. Altre sono del Tesoro, come il San Paolo di Torino, la Banca Nazionale del Lavoro, il Monte dei Paschi di Siena, il Banco di Napoli, il Banco di Sicilia. Altre hanno una natura pubblica di tipo ancora diverso, come le Casse di Risparmio. Per trovare banche private fra le principali banche italiane, dobbiamo arrivare al Banco Ambrosiano, al Credito Romagnolo, alla Banca Nazionale dell'Agricoltura: banche certo importanti, ma con una dimensione più modesta rispetto alle prime che ho elencato. L'Italia è, oggi, fra i grandi Paesi dell'Europa occidentale quello in cui lo Stato detiene la più alta quota della proprietà del sistema produttivo e finanziario. Perché c'è questa diversità rispetto agli altri Paesi Europei? È sempre stato così?

Sì, è sempre stato così, e in parte questo deriva da due fattori: il ritardo dello sviluppo industriale italiano e il fatto che il nostro capitalismo si è, in fondo, sviluppato in collegamento e in rapporto stretto, a volte in completa collusione, con lo Stato.

In Italia, tuttavia, il passaggio delle imprese private alla proprietà pubblica non è mai avvenuto in conseguenza di una dottrina politica. Non abbiamo cioè mai avuto la «pubblicizzazione» delle imprese per effetto di una dottrina socialista. Le imprese sono passate dal privato al pubblico soprattutto per necessità, perché stavano fallendo. In conseguenza, quindi, di un'azione di salvataggio. Non deve stupire il fatto che il momento fondamentale della nascita dell'impresa pubblica in Italia si collochi dopo la crisi del '29, quando il sistema industriale era al collasso. Lo Stato ha fondato l'IRI nel 1933 per salvare il sistema industriale che stava andando allo sfascio. A questa regola vi è una parziale eccezione: l'ENI, che nacque nel secondo dopoguerra con l'obiettivo di valorizzare le risorse energetiche del Paese, liberandolo dal controllo straniero. L'eccezione è, appunto, parziale: negli anni Cinquanta, con l'acquisto della «Pignone», anche l'ENI ha cominciato a perseguire politiche di salvataggio, ampliando le sue dimensioni di gruppo mediante l'assorbimento di tante imprese in situazioni difficili.

Gli anni Ottanta hanno visto, anche in Italia, svilupparsi

le dottrine nuove – caratteristiche di tutta l'Europa occidentale – riguardo ai rapporti tra le imprese e il governo. La fondamentale differenza è questa: in Italia, nonostante tante discussioni, sono state prese poche decisioni di privatizzazione. Sono state privatizzate l'Alfa Romeo, Mediobanca, la Ducati e alcune altre imprese minori. Dobbiamo dire, però, che negli ultimi anni c'è stato anche un esempio in direzione contraria: una grande impresa che era privata è diventata pubblica, cioè l'Enimont. L'Italia ha perseverato in una condizione politica diversa dagli altri Paesi europei: grandi discussioni sulle privatizzazioni, a cui ha fatto riscontro una serie di decisioni estremamente scarsa (ciò soprattutto rispetto alla notevole estensione della proprietà pubblica che vi è in Italia).

In Italia ha continuato ad esistere anche una realtà istituzionale che non esiste in nessuno degli altri Paesi del mondo. Abbiamo sempre avuto Ministeri che in qualche modo dovrebbero coordinare l'attività dell'industria: il Ministero dell'industria privata, cioè il Ministero dell'industria e il Ministero dell'industria pubblica, cioè il Ministero per le Partecipazioni Statali. (I due ministeri sono stati successivamente posti sotto l'autorità di un unico ministro).

In Italia, oggi, infine ci troviamo di fronte ad un altro problema. La Commissione CEE di Bruxelles ha cominciato negli ultimi anni a considerare come elemento distorsivo della concorrenza tutto il denaro che i singoli stati erogano alle imprese pubbliche (i cosiddetti «aiuti di Stato» alle imprese). L'Italia, che non ha assunto decisioni drastiche di riduzione del volume degli aiuti, è stata la prima ad attirare l'attenzione della Commissione. Ancora una volta, come spesso è accaduto nella nostra storia, eventi esterni incidono su quelle che dovrebbero essere le nostre decisioni: la «frammentazione» del nostro potere diventa un elemento per cui le decisioni non vengono prese da noi, ma vengono prese in gran parte da altri o, quantomeno, sotto l'impulso di stimoli esterni.

Il fatto nuovo oggi è che a Bruxelles c'è qualcuno che sta prendendo decisioni che ci obbligheranno in qualche modo a cambiare i confini fra pubblico e privato anche all'interno del nostro Paese. Naturalmente coloro che stanno prendendo queste decisioni non lo faranno guardando al nostro interesse. Lo faranno probabilmente nel loro interesse. Ritengo che questa situazione di incertezza, di rinvio, di frammentazione delle strutture decisionali non giovi proprio a nessuno. Credo che anche in questo campo sia arrivato davvero il tempo delle scelte.

6.
Verso la nuova Europa: e l'Italia?

L'ultima tappa del nostro viaggio nell'economia è dedicata alla nuova Europa: vedremo se in questo nuovo contesto ci sarà un posto per l'Italia. Prima di tutto, soffermiamoci brevemente sulla nostra storia. Quale è stato in questo secolo il centro dell'economia mondiale, il punto di forza del commercio e dell'industria? Fino al 1918 è stato probabilmente Londra, anche se dal punto di vista produttivo già dalla fine del secolo scorso gli Stati Uniti erano superiori alla Gran Bretagna. Il passaggio all'America del ruolo di «testimone» della supremazia economica è avvenuto immediatamente dopo la prima guerra mondiale. Dal 1918 fin quasi ad oggi, ovvero fino all'ultima generazione, il primato è stato degli Stati Uniti d'America: inizialmente primato industriale, poi finanziario e commerciale, infine nel campo dell'innovazione.

Da qualche anno però la leadership americana è contrastata dal Giappone; infatti oggi la sfida giapponese è a tutto campo ed il passaggio di «testimone» della storia dell'economia mondiale può avvenire proprio a favore dei nipponici.

Il fatto nuovo rispetto al passato è che la sfida di oggi non avviene più fra singole città, fra singoli Paesi, ma è una sfida globale. Essa va pertanto inquadrata e vista nel contesto dei diversi sistemi economici: il sistema asiatico, il sistema americano e infine il sistema europeo.

La piramide asiatica

Il sistema asiatico ha in testa il Giappone. Esso è stato dapprima seguito dalle quattro giovani «tigri», come sono stati chiamati i quattro Paesi che si sono sviluppati ad un ritmo frenetico: Corea del Sud, Taiwan, Singapore, Hong Kong. Sono poi arrivati la Thailandia, l'Indonesia e la Malesia. Negli ultimi anni, tuttavia, il fatto nuovo è rappresentato dallo sviluppo tumultuoso della Cina mentre da pochi mesi anche l'India ha cominciato una fase di sviluppo che può anche produrre frutti molto buoni.

I due giganti del mondo (che hanno insieme oltre due miliardi di abitanti) si sono svegliati e non si potrà non tenerne conto. Tutto il lontano Oriente sembra vulcanico, anche se da questo dinamico processo di sviluppo rimangono fuori ancora tanti Paesi, come il Bangladesh, il Pakistan, la Cambogia. Tante sofferenze esistono ancora, tante guerre con le inevitabili conseguenze di economie distrutte devastano ancora molte regioni, ma il continente asiatico ha una realtà nuova e forte, guidata dal Giappone e dagli altri Paesi che lo contornano e che completano la sua struttura di forza. La piramide asiatica è una piramide straordinaria. Probabilmente sarà il punto di riferimento e costituirà la leadership dell'economia mondiale nella prima parte del prossimo secolo. Scrivo «probabilmente» perché è difficile prevedere la storia, ma ci sono tutti gli elementi per poter immaginare una supremazia asiatica. Il Giappone ha cominciato a investire all'estero, prima in Asia, poi soprattutto negli Stati Uniti, e successivamente in Europa. Adesso ha ripreso a farlo in modo massiccio in Asia, nel tentativo di sviluppare una strategia a livello mondiale. Il Giappone in questo rapido processo di cambiamento ha però mantenuto una caratteristica: non è diventato un Paese a vocazione terziaria, ma è rimasto un Paese manifatturiero. In Giappone si progettano, si costruiscono e si realizzano i prodotti più raffinati ed ad alta qualità. Il resto del sistema asiatico produce invece a livello inferiore, con un contenuto di innovazione minore.

A fianco di questa realtà va vista quella americana. Gli Stati Uniti, che hanno giocato per anni il ruolo di protagonisti mondiali, stanno ora subendo in qualche modo il «made in Japan» e cercano di aumentare i propri punti di forza stipulando accordi produttivi con altri Paesi. Hanno preparato un trattato commerciale con il Canada e il Messico (NAFTA) che a sua volta ha firmato trattati commerciali con il Cile e con l'Argentina. Tutto il continente americano si appresta a diventare un'altra area continentale simile a quella asiatica, un'area commerciale integrata, una futura area di libero scambio. La novità è che in questi contesti, sia quello asiatico che quello americano, e come vedremo anche in quello europeo, vi sono Paesi con diversissimi costi di lavoro e diversissimi livelli di tecnologia, tra i quali sarà complicato stipulare accordi. Nei prossimi mesi l'accordo tra Messico e Stati Uniti rappresenterà una delle più importanti decisioni per l'economia mondiale. Certo, vi sono rischi di concorrenza, di eventuali blocchi continentali, e fortezze protezionistiche. C'è il rischio che il blocco americano si chiuda in se stesso, e così si possano creare anche un blocco asiatico ed uno europeo. Sono rischi plausibili ma non più grossi di quelli che c'erano in passato per arrivare ad accordi generali vantaggiosi per tutti.

Riflettiamo sul perché di questi grossi cambiamenti nell'economia mondiale, sul perché si formino questi blocchi continentali, si stipulino questi accordi improvvisi dopo che il continente americano è stato spaccato in mille modi.

Questo è sicuramente il frutto degli avvenimenti politici degli ultimi anni: la graduale democratizzazione del cono latino-americano e il crollo del comunismo nell'Europa orientale. L'abbattimento del muro di Berlino non ha portato conseguenze economiche solo in Europa anzi, forse le conseguenze più grandi si avvertono nel resto del mondo. Ormai non ci sono più barriere: la McDonald e la Coca Cola sono entrate in Cina, in India è tornata l'IBM, il mondo non è più diviso fra il sistema comunista e il sistema capitalistico.

I due capitalismi

Il sistema capitalistico ha indubbiamente vinto. La concorrenza non è più fra sistema di mercato e sistema comunista, ma tra i diversi capitalismi, tra i diversi sistemi di mercato. Tutti combattono una lotta ferocissima, una lotta all'ultimo sangue.

Nel contesto di capitalismi diversi si parla, infatti, sempre più di capitalismo giapponese e tedesco contrapposti a quello anglosassone (inglese e americano). Vi sono due schemi di riferimento: entrambi fanno appello all'economia di mercato ma essi sono fra di loro profondamente diversi.

Ronald Dore, professore al Massachusetts Institute of Technology, è il massimo esperto delle differenze tra i sistemi americano, anglosassone e giapponese. È autore di un libro, diventato famoso anche in Italia, dal titolo *Bisogna prendere il Giappone sul serio*; il sottotitolo è altrettanto interessante: *Saggio sulla varietà dei capitalismi*.

A Ronald Dore domando innanzitutto quali siano le differenze nel comportamento economico tra il sistema anglosassone e quello giapponese. La risposta è straordinariamente esaustiva: «L'interrogativo non è tra il mercato e l'intervento dello Stato, perché sono entrambi capitalismi di mercato; si può dire che il capitalismo anglosassone è molto più un capitalismo di mercato rispetto a quello giapponese, che è certamente un capitalismo manageriale organizzativo o di relazione. La differenza fra il Giappone e i Paesi anglosassoni sta nella mobilità, nella competizione dei mercati. In Giappone il mercato non è così mobile e competitivo come lo è negli Stati Uniti. Per esempio, nel mercato del lavoro statunitense si crede che l'efficienza si raggiunga senza rigidità: i dipendenti lasciano le aziende in crisi per andare verso settori, industrie e aziende in crescita.

Quando si è assunti in un'azienda giapponese, si è impiegati per la vita. Ci si aspetta di fare carriera nell'azienda, e il datore di lavoro accetta l'impegno di non licenziare. Questo significa che un'adeguamento alle nuove tecnologie e ai nuovi mercati deve trovare posto nei progetti di sviluppo di ogni azienda e non bisogna aspettarsi che questo venga provocato dal mercato».

La riflessione successiva è incentrata sul mercato dei capitali e sui motivi che determinano la stabilità del sistema Giappone.

«La maggior parte delle azioni che vengono trattate a Wall Street e a Londra sono azioni emesse dalle aziende più grandi e sono possedute soprattutto dagli investitori istituzionali come le compagnie di assicurazione e i fondi di investimento, che hanno l'obbligo di trarre il massimo profitto dalle azioni. In Giappone, invece, il 70% delle azioni delle aziende che sono quotate nella Borsa principale non sono nelle mani di persone interessate ai profitti delle azioni, ma nelle mani delle banche legate all'azienda, della compagnia di assicurazione che assicura l'azienda, dei fornitori, dei distributori. In altre parole sono nelle mani delle imprese interessate agli affari che realizzano con l'azienda e non al profitto che possono ricavare dalle azioni. Ne deriva una grande stabilità nella struttura capitalistica delle grandi aziende giapponesi».

Chiedo a Ronald Dore quale sia il ruolo del governo in Giappone, come esso funga da regolatore e quale sia, eventualmente, la differenza con gli altri sistemi occidentali: «C'è una piccola differenza» risponde. «Penso che questa stia scomparendo e non sia così importante quanto l'assenza di mobilità nel mercato del lavoro o di impegno per la vita dei lavoratori nella loro azienda e il fatto che la proprietà delle azioni resta stabile. Il che rende possibile alle aziende di pianificare a lungo termine. Più la tecnologia diventa avanzata, più la competizione sui mercati mondiali dipende dall'innovazione tecnologica dalla qualità e dalle prestazioni del prodotto, piuttosto che dai costi. Gli investimenti nella ricerca e sviluppo e negli impianti che ne derivano devono essere come in Giappone, dove si arriva ad investire ogni anno il 13% del prodotto nazionale lordo in attrezzature industriali, a differenza degli Stati Uniti dove si investe solo l'8%».

Tutto ciò implica evidentemente un'ottica di lungo periodo. In Giappone si hanno più piani a lunga scadenza rispetto all'Occidente, dove si mira soprattutto a risultati di breve periodo e dove, anche dal punto di vista occupazionale, non esiste un attaccamento così profondo all'azienda. «Ritengo» prosegue Dore «che le prospettive di lavoro per un anglosassone – che oggi lavora per un'azienda ma vuole avere la libertà di dire "arrivederci", e cambiare azienda – siano molto diverse da quelle di un giapponese che sacrifica questa libertà di movimento o questa libertà di scelta e, sacrificandola, accetta di far parte del meccanismo strettamente connesso con tutto il resto dell'organizzazione economica. In Occidente può accadere di avere un ottimo tecnico ricercatore che produce un'idea brillante mentre lavora per te e che immediatamente dopo si licenzia per andare a lavorare a Silicon Valley e iniziare un'attività in proprio. La differenza è ispirata direttamente dai valori della società, è costruita all'interno della società stessa e intorno ai valori delle persone che vi operano».

Questa divisione così chiara, così elegante fra i due

capitalismi esiste comunque anche all'interno dell'Europa.

La Gran Bretagna ha istituzioni simili a quelle degli Stati Uniti, il sistema germanico è per molti aspetti parente di quello giapponese; anzi, si può dire persino che il sistema germanico sia padre di quello giapponese. Esistono tra loro grandi differenze, ma è indicativo il fatto che il Giappone si sia affacciato, nell'ultima parte del secolo scorso, alla società industriale mandando i futuri imprenditori e tecnici giapponesi nelle scuole tedesche. Vorrei sottolineare a questo proposito l'importanza che hanno le istituzioni scolastiche e culturali e mi auguro che l'Italia possa un giorno tornare ad essere la meta di studenti stranieri di alto livello.

Come ha sostenuto Dore, nel mondo anglosassone la Borsa Valori è il centro del capitalismo, dove le aziende si comprano e si vendono come beni qualsiasi, come testimoniano quotidianamente i giornali. In Germania ciò non avviene con questa semplicità. Il caso Pirelli ne è un esempio lampante: nel tentativo di acquisire il controllo della società tedesca Continental l'impresa italiana aveva carte in regola (cioè la maggioranza delle azioni) ma in Germania avere la maggioranza delle azioni non è sufficiente.

Il controllo nel sistema germanico, come in quello giapponese, è rappresentato da un complesso intreccio di rapporti non solo finanziari fra banche, industrie, sindacati, compagnie di assicurazione, fondi pensione e altre espressioni della vita economica del Paese. È impossibile acquisire in Germania un'impresa senza l'accordo dei proprietari. La Ugo Boss, ad esempio, è stata venduta ad un imprenditore asiatico e da questo alla Marzotto, senza alcun problema. Ma chi volesse tentare, in Germania, una scalata ostile finirebbe col dover risalire sempre più in alto, fino a comprare i soci dei soci, probabilmente fino alla Deutsche Bank. Dovrebbe forse comprare tutta la Germania. Quindi il sistema tedesco è molto meno permeabile degli altri, e non a caso nelle fusioni e negli acquisti di imprese è assai più rigido e impenetrabile degli altri sistemi.

Questo sistema ha poi influenzato fortemente alcuni altri Paesi, come la Svizzera e la Svezia. Prendiamo ad esempio il caso delle azioni: esistono in questi paesi azioni di tipo A, che hanno diritto a un voto, di tipo B, che hanno diritto a dieci voti, di tipo C, che hanno diritto a cento voti, e le azioni di tipo C non possono essere acquistate da stranieri. Potremmo fare molti altri esempi come questo, esempi di regole che garantiscono la protezione della stabilità della struttura aziendale. Regole di questo genere non esistono nel mondo anglosassone.

In Germania inoltre, vi sono esempi di co-gestione: per esempio, nel consiglio di sorveglianza, che controlla la nomina di alcune cariche fondamentali dell'impresa e la sua strategia di lungo periodo, siedono i sindacati. Ciò nei paesi anglosassoni non esiste ed è anzi visto con notevole ostilità. Di conseguenza, come in Giappone, in Germania vince un'ottica di lungo periodo, non quella a breve, che deve rispondere al mercato finanziario in ogni momento. In Germania la spesa per ricerca e sviluppo e gli investimenti per la formazione sono maggiori. Il grande risultato di investimenti e strategie di lungo periodo è la grande forza nella manifattura, in Germania come in Giappone.

Occorre, a questo proposito, essere cauti nel parlare di società post-industriale: la società post-industriale è forte quando lo è la manifattura, non altrimenti.

Il paradosso italiano

Dobbiamo chiederci se il sistema italiano assomigli più a quello tedesco (chiamato anche tedesco-giapponese, renano o continentale europeo) oppure a quello anglosassone.

Ancora una volta l'Italia ha una storia diversa. L'industria italiana è sostanzialmente nata con la banca mista di

PROPENSIONE AL RISPARMIO DELLE FAMIGLIE
(1990 - dati in % sul reddito)

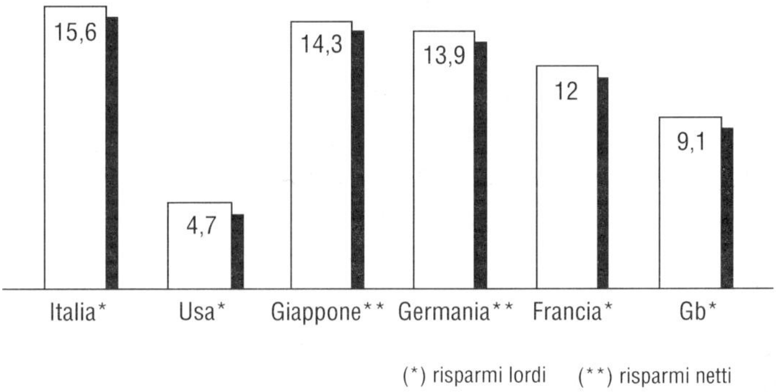

Fonte: Il Sole 24 Ore, 1992

tipo tedesco. La Banca Commerciale Italiana, il Credito Italiano, possedevano azioni di tante imprese, ma, dopo la tragedia del 1929, per evitare che la crisi delle imprese industriali trascinasse con sé il fallimento delle banche proprietarie delle azioni, si stabilì che queste non potessero più possedere azioni di imprese. Siamo così usciti dal sistema germanico, e ciò perdura ancora. Il guaio è che il mercato finanziario, che sta alla base del sistema anglosassone, da noi non si è sviluppato. La Borsa è rimasta piccola, tratta poco più di 200/250 titoli, meno di un decimo di quelli di Londra, e il mercato finanziario è periferico nella vita del nostro Paese. Noi perciò non apparteniamo ad alcuno dei due sistemi e questo è un problema aperto che non può più essere rinviato. Le decisioni su quale dovrà essere la struttura proprietaria del nostro sistema economico vanno prese il più presto possibile, sperando che il graduale processo verso le privatizzazioni recentemente iniziato produca presto i suoi frutti.

Qualcuno potrebbe anche chiedere: come mai abbiamo oggi questo sistema finanziario? Forse viviamo in un Paese di scarsi risparmi? Qui abbiamo un'altra sorpresa: l'Italia è un Paese di grandi risparmiatori, e lo è sempre stato. Quando ho cominciato a insegnare dicevo: l'Italia risparmia molto perché ha ancora abitudini contadine, vedrete che il tasso del risparmio calerà presto. Invece mi sbagliavo: l'Italia risparmia, in proporzione, quattro volte più degli Stati Uniti, quasi il doppio del Regno Unito, molto più della Francia, un po' più della Germania e in misura quasi uguale al Giappone. Quindi noi siamo tra i più grandi risparmiatori del mondo.

Ma dove va il nostro risparmio? Purtroppo poco verso le imprese e le strutture produttive. E qui introduciamo il dramma italiano che pesantemente incombe su tutti noi: il deficit pubblico.

Lo Stato spende molto più di quanto ricavi e si comporta come una famiglia in difficoltà: chiede soldi in prestito, e li chiede ovviamente ai risparmiatori, che, per fortuna, sono dei «grandi» risparmiatori. Si crea così un flusso del risparmio che solo in piccola parte è diretto alle imprese, mentre per lo più va allo Stato per alimentare il deficit pubblico. Naturalmente lo Stato potrebbe chiedere soldi anche ai risparmiatori stranieri, (e in vari momenti della storia italiana lo ha fatto), ma i suoi proventi vengono per ora principalmente dal risparmiatore italiano. Nel 1991 la differenza fra le entrate e le uscite dello stato è stata di 152.000 miliardi di lire: lo stato ha cioè assorbito il 60% del risparmio dei privati. Il settore produttivo ne ha beneficiato solo per il 40%. È uno spaventoso circolo vizioso, inesistente negli altri Paesi.

La conseguenza è ovvia: è necessario mettere in ordine il bilancio pubblico. Ma come? Si possono seguire due vie: o aumentare le tasse o diminuire le spese, oppure si possono combinare entrambe le operazioni. Non vi sono, purtroppo, altre soluzioni.

Facciamo un po' di storia. L'Italia ha avuto per tanti anni questo problema del debito. Nei primi anni dell'unità il debito ereditato dalla fusione dei piccoli Stati italiani, del Piemonte, dello Stato Pontificio e Regno di Napoli, era enorme. Per chiudere questo buco, nel 1864 Quintino Sella istituì l'imposta sul reddito. Il nostro fu allora il secondo Paese europeo a introdurre tale imposta dopo la Gran Bretagna. Solo successivamente arrivarono la Francia e la Germania. L'imposta colpì soprattutto la borghesia ma, non essendo sufficiente, fu seguita nel '69 dall'imposta sul macinato, un'imposta sui consumi più popolari, revocata solo nell'83 a seguito di forti tensioni sociali.

Questo è un capitolo estremamente interessante della nostra storia, che però non spiega tutto. Come si legge nella recente ricerca dell'Ente Einaudi sul disavanzo pubblico in Italia, Quintino Sella vendette anche tre milioni di ettari di terreno che lo Stato aveva requisito agli enti ecclesiastici. Tre milioni di ettari rappresentavano allora un ottavo dell'Italia, più della superficie del Piemonte e della Valle d'Aosta. L'operazione di privatizzazione, che affiancò l'imposizione fiscale, fu quindi imponente. Dopo la prima guerra mondiale, invece, il debito, che era diventato enorme, fu chiuso in modo un po' diverso. Poichè si trattava quasi interamente di un debito estero, avendo noi vinto la guerra, ci fu in gran parte condonato dagli americani e dagli inglesi. La parte restante fu scaricata sui tedeschi che avevano perso la guerra. Dopo la seconda guerra mondiale invece, il drammatico debito pubblico è stato pagato dall'inflazione e da tutti i cittadini. L'inflazione ha distrutto i risparmi: e questo è un rischio grave quando il debito pubblico è molto elevato.

Torniamo ad oggi: dall'ultima relazione sulla situazione economica del Paese, quella del 1991, che è un documento ufficiale del governo, prendo solo due dati. La spesa corrente, cioè la spesa della pubblica amministrazione, nel

'91 è stata di oltre 700.000 miliardi. La spesa per gli interessi sul debito pubblico è stata di oltre 145.000 miliardi.

In altri termini il 20% di tutta la spesa pubblica è stato impiegato per il pagamento degli interessi. Si tratta di una cifra enorme, quasi il doppio della spesa per la sanità e un po' meno di quanto lo Stato paga per tutti gli stipendi e tutti i salari dei suoi dipendenti. E le cifre per il 1992 si presentano in modo ancora più drammatico. Quindi il problema del pagamento degli interessi è diventato enorme.

Certamente il debito pubblico di oggi si è generato in modo diverso rispetto a quelli nati dalle guerre, dalle opere pubbliche, dalla prima industrializzazione pesante. Il debito di oggi è conseguenza diretta della costruzione del nostro stato sociale, delle pensioni, dei sussidi, della cassa integrazione, oltre che dei trasferimenti alle imprese. Questo significa che parte del nostro debito è servito per ripianare il deficit delle ferrovie, delle aziende pubbliche, ed è stato impiegato anche per trasferimenti alle aziende private, cioè per sostenerne la produzione. Si tratta di voci anomale rispetto ai bilanci pubblici degli altri Paesi europei. La storia insegna che il rientro da un debito pubblico di questa entità è avvenuto soltanto quando il governo e l'opinione pubblica hanno percepito il senso dell'emergenza. È questo che bisogna assolutamente capire e di cui abbiamo bisogno oggi. Penso veramente che il Paese sia disposto a sacrifici anche grandi purché questi siano inseriti in un disegno credibile, organico, simile a quello che abbiamo prima citato. Ho preso come esempio il costo degli interessi, perché è di dimensioni enormi.

Equivale alla somma di quasi tutti gli stipendi e i salari dei dipendenti pubblici; un costo impressionante, che distorce il valore reale delle cose. Facciamo un esempio: una giovane coppia di sposi, risparmiando, ha sempre potuto acquistare la casa, partendo con un po' di liquidi ma pagando la maggior parte del prezzo a credito. Oggi invece, con i tassi di interesse sui mutui della prima casa che partono dal 14%, come fanno i nostri giovani sposi a pagarsi la casa?

In questo modo si distorce l'economia. Inoltre i prezzi delle case sono esorbitanti; di fronte a questa mancanza di impieghi alternativi al debito pubblico, in mancanza dei mercati finanziari, la casa è diventata quasi l'unica scelta di investimento alternativa rispetto all'impiego in Buoni del Tesoro, in Titoli del Debito Pubblico. Per questo motivo i prezzi delle case salgono e si ha questa distorsione del mercato, che esclude le giovani coppie sia per gli alti tassi d'interesse, sia perché il valore delle case cresce in modo sproporzionato rispetto a qualsiasi altro Paese d'Europa. Il debito pubblico va quindi ridimensionato, per evitare di distorcere la vita economica.

A proposito delle anomalie del sistema italiano ho fatto una chiacchierata con il direttore generale della Confindustria, il professor Innocenzo Cipolletta. Gli ho chiesto se le attuali disfunzioni del nostro sistema incidano sui potenziali di sviluppo. Non occorrono commenti alla sua risposta, che in maniera cristallina descrive la nostra situazione: «Purtroppo le anomalie incidono parecchio. Lo Stato in questo momento ha un debito che testimonia l'uso del risparmio dei cittadini non tanto per fare investimenti e infrastrutture necessari per crescere, ma per spendere in consumi, trasferimenti, sussidi. In questo modo si può anche vivere bene per un certo tempo. Lo Stato si comporta come un ricco signore che possedendo dei palazzi, dei terreni e quadri, li vende, consuma, vive. Col solo risultato di essersi «mangiato» il patrimonio, non avendo alla fine più niente per crescere e svilupparsi. È quello che sta facendo lo Stato: noi stiamo mangiando il nostro patrimonio e ai nostri figli lasceremo poco per poter crescere. Per poter crescere essi dovranno cominciare a consumare meno, a guadagnare meno e a spendere meno. Insomma sarà necessario crescere meno per un certo periodo di tempo. La soluzione alternativa (ancora peggiore) sarà quella di dover cercare un posto di lavoro all'estero. Le stesse industrie andranno all'estero, si creerà cioè il processo di deindustrializzazione, che avviene quando imprenditori, imprese e lavoratori vanno in un Paese che consente di avere posti di lavoro e costo del denaro inferiore, insieme a moderne infrastrutture e servizi».

Non ci sono modi per evitare questa tragica situazione?

«Certo, ci sono. Ritengo che dobbiamo riscoprire il gusto dell'investimento e del risparmio. Per uno Stato che riduce il suo debito ogni cittadino sarà un po' più povero, per un certo periodo di tempo. Traduciamo la povertà in capacità di ricostruire le infrastrutture, i servizi sociali, l'insieme delle attività che rendono un Paese capace di crescere. Allora il sacrificio servirà per uno sviluppo futuro maggiore».

Quindi torniamo ancora alla necessità di picchiare contro questo debito, di ridurlo e di formulare una nuova politica.

«Il debito, così come è composto in questo momento in Italia, è uno spreco. Se fosse a fronte di infrastrutture e di spese per investimento sarebbe sicuramente accettabile per un Paese che deve crescere. Noi non abbiamo in questo momento la capacità di ricostruire il nostro patrimonio. Dobbiamo ricostruire un patrimonio fatto anche di paesaggi, di ambiente, di coste che oggi trascuriamo perché non abbiamo né i soldi né l'attenzione per ripristinarlo. Infatti, come Lei stesso ha detto, tutto lo sforzo dello Stato si riduce a remunerare un debito che continua a crescere, pagando gli interessi a persone che invece di investire i loro capitali in attività produttive, hanno finito per investirle in questo debito che si autoriproduce».

Quindi non ha bisogno di investimenti solo il sistema produttivo, ma i servizi, le strutture, l'intero Paese. Ci stiamo allontanando dagli standard europei.

«Certo, credo che già si vedano le differenze rispetto agli altri Paesi europei, anche se non nel nostro stile di vita. Noi vestiamo come e meglio di altri Paesi, andiamo in macchina come e meglio di loro, mangiamo presumibilmente come e meglio di loro. Quando andiamo a prendere dei mezzi di trasporto, ecco che emergono le difficoltà. Nelle nostre città è difficile circolare con l'auto e trovare un posteggio. Troviamo difficoltà anche quando cerchiamo di spedire una lettera, o quando ci ammaliamo e dobbiamo essere curati.

Quindi insieme alla Fiat e alla Montedison devono entrare in Europa le ferrovie, gli ospedali, la sanità, tutto. Questo è il cammino che noi dobbiamo compiere».

La nuova Europa e la Germania

Dalle riflessioni fatte sulla dinamica dei mercati, sui mercati emergenti, sul primato del Giappone, sulle anomalie del sistema Italia, emerge comunque l'importanza del nostro continente. Dobbiamo riconoscere che la più grande realizzazione economica del dopoguerra è stata la Comunità Economica Europea, un'innovazione che ha cambiato la faccia e la vita del nostro continente.

Quest'idea dell'Europa è nata da tre visionari. Lo ripeto sempre perché questa mi ha molto colpito; è nata da tre persone che non erano per nulla esperte di economia.

Adenauer, Schuman e De Gasperi non pensarono di creare un Mercato Comune, ma di affratellare i Paesi europei dopo venticinque secoli di guerre e di massacri. Avevano, nella loro testa, la pace. Hanno così realizzato forse la più grande idea economica della storia dell'umanità. Vollero questo progetto mentre i grandi industriali in gran parte si schierarono contro l'Europa, per poi naturalmente diventarne gli apostoli in seguito. Questo primo processo dell'Europa si è sviluppato a ritmo molto sostenuto; i sei

LA RICCHEZZA IN EUROPA
(PIL pro capite in dollari - dati 1990)

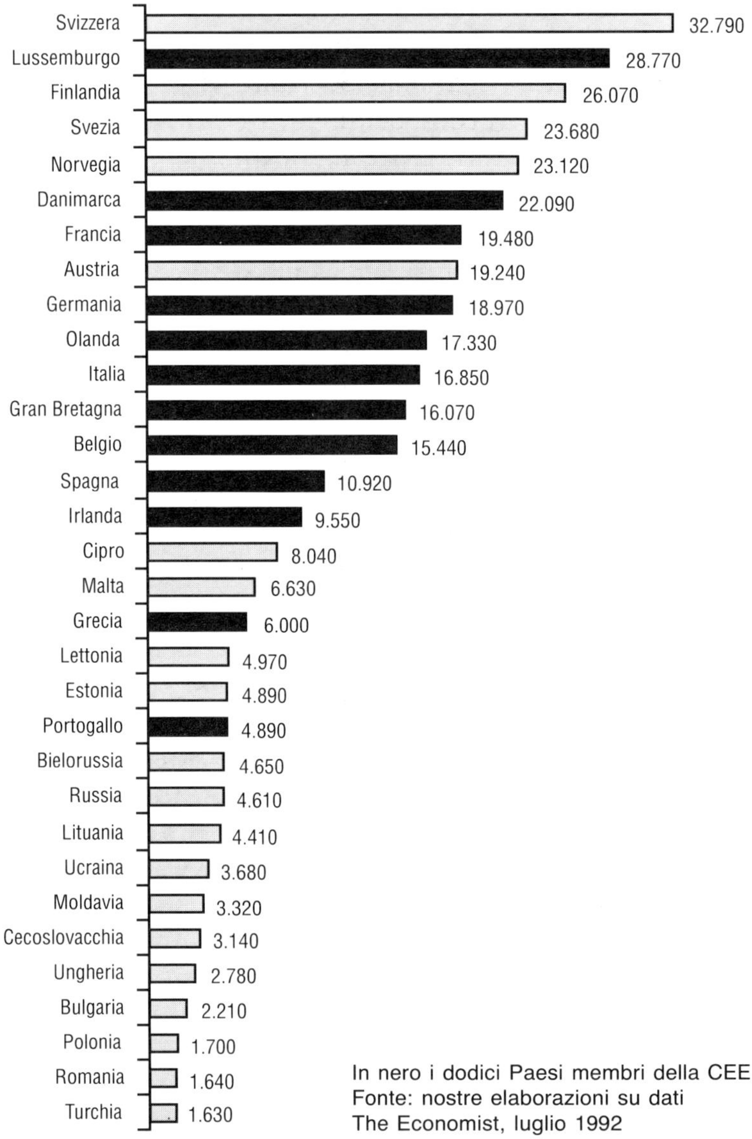

In nero i dodici Paesi membri della CEE.
Fonte: nostre elaborazioni su dati
The Economist, luglio 1992

Paesi che aderirono per primi (Italia, Francia, Germania, Belgio, Olanda e Lussemburgo) sono cresciuti di numero. L'Europa si è aperta alla Gran Bretagna e ad altri Paesi e sono cambiate profondamente le realtà al suo interno.

All'inizio la Germania era la parte debole, anche se potenzialmente forte. Negli anni Sessanta vi erano tre Paesi simili tra loro per potere economico: la Germania, la Francia e la Gran Bretagna. L'Italia era molto più arretrata e gli altri Paesi erano più piccoli e quindi meno significativi.

Oggi in Europa la Germania è indubbiamente dominante nonostante i suoi problemi, che ritengo risolvibili.

La Germania è e sarà sostanzialmente leader indiscusso dell'Europa per un lungo periodo. Seguono la Francia, l'Italia e la Gran Bretagna, non lontani fra di loro.

Mentre una generazione fa, in termini di dimensione economica, la Germania era simile alla Francia e alla Gran Bretagna considerate separatamente, all'inizio del prossimo millennio, quando l'unificazione tedesca sarà completata, la Germania sarà paragonabile a Francia e Gran Bretagna messe insieme.

L'Europa non è più quella disegnata nelle carte geografiche e nelle nostre menti. Su questo dobbiamo riflettere, perché è cambiato non soltanto il quadro di riferimento della Germania, ma anche il modo in cui questo Paese si rapporta col resto dell'Europa. Improvvisamente è stato abbattuto il muro di Berlino e questo è il grande evento che ha cambiato la faccia dell'Europa, che torna ad essere quella di prima, quella delle vecchie università. Nei locali della vecchia sede dell'Università di Bologna sono ancora dipinti gli stemmi degli studenti che in passato vennero qui a studiare. Sono stemmi provenienti da ogni parte d'Europa: dall'Ungheria, dalla Cecoslovacchia, dai paesi Baltici, dall'Ucraina, dalla Sicilia, dalla Spagna. Simboleggiano l'unità del continente a cui non eravamo più abituati. La caduta del muro di Berlino rappresenta il ritorno alla grande

Europa dei tempi antichi. Anche se ci si arriverà in modo sbilanciato.

La Germania (come dicevamo) avrà all'inizio del prossimo secolo un reddito pari a quello di Gran Bretagna e Francia insieme. Ma numerosi altri Paesi gravitano già in modo particolare sulla Germania. Pensiamo all'Austria, in cui una forte quota della grande industria (oltre il 30%) è di proprietà tedesca. Pensiamo a Polonia, Cecoslovacchia e Ungheria. L'Austria ha sette milioni di abitanti, Cecoslovacchia e Ungheria ne hanno invece 62 milioni complessivamente. Ebbene, in questo periodo chi investe di più in questi Paesi è la Germania.

I dati a proposito della Cecoslovacchia sono i più significativi (ma anche quelli degli altri Paesi non sono molto diversi): l'80% degli investimenti in quantità e il 56% in numero sono tedeschi. I rapporti con i paesi Baltici sono inoltre molto fitti e così i rapporti con la Russia che ha 150 milioni di abitanti e con l'Ucraina che ne ha 51 milioni.

Questi Paesi ex comunisti hanno iniziato i rapporti con l'Occidente sognando l'America ma si sono ritrovati di fronte l'Europa, perché l'America è lontana e l'Europa è grande. Ma, più che l'Europa, si sono ritrovati di fronte la Germania. Il problema maggiore è che, di fronte a questa nuova realtà, non solo la Germania diventa leader dell'Europa ma inizia quella che io chiamo la fase dello strabismo tedesco. La Germania non guarda più solo all'Europa occidentale, come avveniva fino a pochi anni fa, ma guarda anche altrove, e soprattutto ad Est. L'attuale generazione politica tedesca, sia socialdemocratica che democristiana, è molto attenta al legame con l'Europa tradizionale. La classe più giovane ha valori diversi: dobbiamo quindi far presto a costruire l'Europa.

Fino a qualche anno fa l'Europa poteva sembrare un camion che procedeva per la sua strada da solo. Oggi il camion va spinto, ed in fretta. Bisogna far presto, perché l'alternativa futura è fra una Germania europea e un'Europa germanica; se non facciamo in fretta è probabile che si verifichi la seconda alternativa.

La noce nello schiaccianoci

L'Italia, in questa situazione, corre un forte rischio: il rischio di essere «la noce nello schiaccianoci». Dalle parole di Cipolletta, dall'analisi della nostra situazione, dagli avvenimenti dell'Est e dalla recente tempesta valutaria (che non sarà certamente l'ultima) è evidente come la situazione si complichi di giorno in giorno.

Perché «la noce nello schiaccianoci»? Perché da un lato abbiamo l'Est, che diventa come il Messico: una comunità in contatto con noi ma con bassi costi del lavoro. Uso sempre tre numeri simbolici per spiegare i problemi economici di fronte a cui si trova l'Italia: 1, 4, 40. *Uno* è il costo di un'ora di lavoro di un operaio tessile in Cina, *quattro* è il costo di un'ora di lavoro di un operaio tessile in Slovacchia, cioè a pochi chilometri dal nostro confine, *quaranta* quello di un'operaio tessile in Italia. Se vogliamo conservare i salari a 40 bisogna che ognuno produca per 40. Bisogna inoltre capire che all'Est emigreranno probabilmente le industrie più semplici, cioè la carpenteria, l'acciaio di basso prezzo, i motori elettrici, i tessili più semplici, parti di motore a scoppio, prodotti agricoli. Saremo quindi costretti a importare questi prodotti dall'Est.

In ogni settore, dobbiamo spingerci nella fascia alta della produzione, perché solo così potremo giustificare i nostri costi del lavoro. Altrimenti si avvererà la previsione di Innocenzo Cipolletta: dovremo abbassare i salari. Ma questa è un'operazione che non si può fare: un Paese non deve tornare indietro, non può abbassare i salari, deve al contrario innalzare la sua produttività e spingersi verso la fascia alta dei prodotti industriali. Se non lo farà ci penseranno l'inflazione o la svalutazione a mettere di nuovo in pari i conti. Con gravi danni per tutti.

Dall'altro lato c'è la Germania, che ha costi di produzione un po' più alti dei nostri ma è presente in tutti i settori delle fascie alte della produzione. Il caso tedesco è interessante perché non è vero che bisogna necessariamente essere forti nelle industrie tecnologicamente avanzate. La Germania non è leader nei *chips*, nell'elettronica, non lo è nemmeno nell'aeronautica. Ma nei settori tradizionali (quali la meccanica) è sempre nella fascia più alta del prodotto. Mi ricordo che quando andai a visitare una catena di montaggio in una fabbrica di elettrodomestici in Italia, vidi uscire dalla stessa catena prodotti col marchio italiano e prodotti col marchio tedesco. Facendo un'analisi, i prodotti col marchio tedesco venivano venduti ad un prezzo più elevato del 30%, pur generati dalla stessa catena di montaggio, ed essendo quindi materialmente identici. Ecco cosa significa l'immagine-Paese, la forza di un sistema industriale e dei suoi prodotti.

La Germania ha costi di produzione più alti di noi (soprattutto per l'alta incidenza del costo del lavoro) ma può riuscire a rimanere competitiva.

L'Italia deve fare molta attenzione: abbiamo infatti costi superiori del 10% rispetto alla Francia e ancora più elevati rispetto alla Gran Bretagna. Non possiamo rimanere competitivi se non ci portiamo nella fascia più alta del mercato, nelle produzioni manifatturiere a più elevato valore aggiunto. Per entrare in Europa dobbiamo bloccare l'inflazione, il debito pubblico, l'aumento dei nostri costi, ed aumentare la nostra produttività. Evidentemente si tratta di una sfida durissima.

Tuttavia guardiamoci un po' indietro. La generazione della ricostruzione non ha vinto, forse, una sfida più grande di questa? Ha dimostrato che anche l'impossibile era possibile, naturalmente con l'aiuto della nuova Europa che proprio allora andava nascendo.

Abbiamo visto in tutti i precedenti capitoli che gli italiani hanno voglia di ricominciare a vincere, ciascuno nel suo settore. Hanno voglia di ricominciare a far vedere che possono essere ancora i primi del mondo. Certamente i nostri padri, cioè la generazione di cui parlavo prima, hanno vinto soprattutto con il duro lavoro: non riesco a dimenticare che metà delle case dei nostri paesi sono state costruite o alla sera, o al sabato e alla domenica, da chi usciva dal lavoro in fabbrica. Credo che il duro lavoro continui ad essere importante, ma non è più sufficiente. La Germania è il paese europeo con il minor numero di ore lavorate per settimana: in Germania al venerdì pomeriggio nessuno lavora. In una società moderna, in conclusione, è importante il lavoro sistematico e serio. Tuttavia sono ancora più importanti le virtù civili che abbiamo tenuto come filo conduttore di questo nostro viaggio nell'economia contemporanea: il cervello e la solidarietà.

Appendice

Abbiamo letto...

La moltiplicazione dei pani... ma non per tutti

La riflessione riguardante la crescita dei Paesi in via di sviluppo (PVS) può essere approfondita con il Rapporto annuale della Banca Mondiale. Quello a cui si è fatto esplicito riferimento è del 1991 – *World Development Report 1991 "The Challenge of Development"* – che, mentre scriviamo, è l'ultimo pubblicato.

Sul "caso Italia" è disponibile il "Rapporto 1992 sull'agricoltura italiana", elaborato da NOMISMA (Bologna, Il Mulino 1992).

La macchina che ha cambiato il mondo

Il riferimento principale è rappresentato dal volume che ha dato il titolo alla lezione: *La macchina che ha cambiato il mondo*, di J.P. Womack, D.T. Jones, D. Roos, pubblicato in Italia da Rizzoli (Milano 1991). Esso è il volume di sintesi di un'ampia ricerca sull'industria dell'automobile condotta dal Massachusetts Institute of Technology di Boston. Di particolare rilievo l'intervista all'avv. G. Agnelli, quale testimonianza della risposta italiana e, più in generale, europea alla «sfida giapponese».

È stato altresì introdotto, fin da questa lezione, un volume che poi ritornerà nella lezione conclusiva: *Bisogna prendere il Giappone sul serio*, di R. Dore, pubblicato in Italia da Il Mulino (Bologna 1990). Si tratta di un saggio che descrive – come recita il suo stesso sottotitolo – la «varietà dei capitalismi», e rappresenta un importante studio per comprendere come le diverse politiche industriali nazionali condizionino l'evoluzione delle strutture industriali (il loro livello tecnologico e così via).

Crescere è comunicare

Una utile chiave di interpretazione ci viene dall'ultimo saggio di M. Porter, *Il vantaggio competitivo delle Nazioni*, Milano, Mondadori 1991, nel quale sono stati descritti – con riferimento all'esperienza di dieci paesi industrializzati (fra i quali l'Italia) – i fattori che rendono competitive sui mercati globali alcune industrie nazionali.

Il «viaggio» fra i distretti industriali italiani, condotto da «Il Sole 24 Ore» – e ora pubblicato nel volume a cura di M. Moussanet e L. Paolazzi, *Gioielli, bambole, coltelli* (Il Sole 24 Ore Libri, Milano 1992) – offre una mappa aggiornata delle tante realtà economiche locali italiane, da Nord a Sud.

L'uomo e il gioco di squadra

Le due interviste al prof. L. Thurow e al prof. R. Dahrendorf rappresentano, di per sé, due rilevantissimi documenti. È poi oggi disponibile l'ultimo libro di L. Thurow, *Testa a testa* (in corso di pubblicazione presso Mondadori), sulla «battaglia economica» fra le tre grandi potenze mondiali: Giappone, Europa e America.

Stato e mercato: l'arbitro e i giocatori

Per un approfondimento delle politiche di privatizzazione portate avanti nel corso degli anni Ottanta nei principali paesi dell'Europa Occidentale, si veda: J. Vickers, V. Wright, *The Politics of Privatisation in Western Europe*, London, Frank Cass & Co. 1989.

Verso la nuova Europa: e l'Italia?

Molto significative sono le due interviste al prof. R. Dore e al prof. I. Cipolletta, dedicate, rispettivamente, alla situazione internazionale e al caso italiano

Per l'approfondimento della politica economica condotta nel nostro Paese, è oggi disponibile l'ampia ricerca curata dall'Ente Einaudi, *Il disavanzo pubblico in Italia: natura strutturale e politiche di rientro* (Bologna, Il Mulino 1992). Essa si articola in due distinti volumi: I. *Alle radici del deficit: politica della spesa e politica fiscale*; II. *Le politiche di rientro: problemi macroeconomici e microeconomici dell'aggiustamento*. In questo secondo volume si vedano in particolare i saggi di V. Zamagni e di G. Toniolo e P. Ganugi.

Stampa: La Tipografica Varese - Varese
Fotocomposizione: Delgrossi srl - Milano
Il Sole 24 Ore Libri